智慧旅游管理与服务研究

钟会荟 ◎ 著

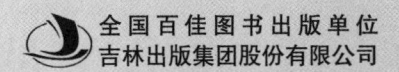

全国百佳图书出版单位
吉林出版集团股份有限公司

图书在版编目（CIP）数据

智慧旅游管理与服务研究/钟会荟著.--长春：吉林出版集团股份有限公司，2023.6
ISBN 978-7-5731-3815-6

Ⅰ.①智…Ⅱ.①钟…Ⅲ.①旅游经济－经济管理－研究Ⅳ.①F590

中国国家版本馆CIP数据核字(2023)第132087号

ZHIHUI LÜYOU GUANLI YU FUWU YANJIU

智慧旅游管理与服务研究

著　　者：钟会荟
责任编辑：欧阳鹏
封面设计：冯冯翼
开　　本：710mm×1000mm　1/16
字　　数：235千字
印　　张：12.5
版　　次：2023年6月第1版
印　　次：2023年6月第1次印刷

出　　版：吉林出版集团股份有限公司
发　　行：吉林出版集团外语教育有限公司
地　　址：长春市福祉大路5788号龙腾国际大厦B座7层
电　　话：总编办：0431-81629929
印　　刷：长春新华印刷集团有限公司

ISBN 978-7-5731-3815-6　　定　　价：75.00元
版权所有　侵权必究　　举报电话：0431-81629929

前　　言

　　智慧旅游是旅游信息化的最新发展,是基于智慧地球与智慧城市基础上提出的概念。智慧旅游应以将旅游业培育成为国民经济战略性支柱产业和人民群众更加满意的现代服务业为根本目标,逐渐形成旅游产业发展的新模式和新形态。

　　智慧旅游的发展,既符合国家将旅游产业定位为国民经济的战略性支柱产业和人民群众更加满意的现代服务业的发展要求,也是旅游业实现自身产业转型升级的迫切需要,更是旅游消费者个性化与智慧旅行发展的内在需求。随着"互联网+""物联网""大数据"、"云计算"等现代技术手段的日新月异,以及"虚拟实景""智慧体验店""智慧旅行""智慧营销"等智慧旅游产品和智慧旅游服务手段的不断创新,可以预见,智慧旅游将显著地改变人们的旅游休闲方式,让人们的生活变得更加美好。

　　本书的总体撰写原则是理论与实践相结合,系统性和全面性相结合,行业性与区域性相结合,前沿性与实用性相结合,力求体例清晰严谨、内容简洁新颖。敬请广大读者给予批评指正,对比编者不胜感激。

2023 年 5 月

目　　录

第一章　智慧旅游的基础理论 ·· 1
　　第一节　智慧旅游的概念与特征 ·· 1
　　第二节　智慧旅游的理论框架 ·· 7
　　第三节　智慧旅游的功能与价值 ·· 9

第二章　智慧旅游的行业发展 ··· 27
　　第一节　智慧景区 ·· 27
　　第二节　智慧酒店 ·· 40
　　第三节　智慧旅行社 ·· 54

第三章　智慧旅游管理 ··· 69
　　第一节　智慧旅游目的地管理 ·· 69
　　第二节　智慧旅游行业的监督管理 ·· 75
　　第三节　智慧旅游的安全保障管理 ·· 80
　　第四节　智慧旅游管理平台的构建 ·· 84

第四章　智慧旅游消费者需求服务 ··· 90
　　第一节　旅游垂直搜索 ·· 90
　　第二节　旅游共享经济 ··· 109

第五章　智慧旅游公共服务 ·· 122
　　第一节　智慧旅游公共服务系统 ··· 122
　　第二节　智慧旅游公共服务建设体系 ····································· 126

第六章　智慧旅游营销……………………………………………… 137

第一节　智慧旅游消费行为分析 ……………………………… 137
第二节　智慧旅游营销渠道创新 ……………………………… 142
第三节　智慧旅游营销平台构建 ……………………………… 153

第七章　智慧旅游电子商务创新变革……………………………… 156

第一节　智慧旅游电子商务理论 ……………………………… 156
第二节　智慧旅游电子业务模式 ……………………………… 165
第三节　智慧旅游电子商务的支付手段 ……………………… 171
第四节　智慧旅游电子商务的安全风险 ……………………… 179
第五节　智慧旅游电子商务模式新探索 ……………………… 186

参考文献……………………………………………………………… 193

第一章 智慧旅游的基础理论

第一节 智慧旅游的概念与特征

一、相关概念辨析

（一）智慧旅游与旅游信息化

智慧旅游与旅游信息化既有区别又有联系。信息化是指充分利用信息技术，开发利用信息资源，促进信息交流和知识共享，提高经济增长质量，推动经济社会发展转型的历史进程。旅游信息化，从狭义上讲是旅游信息的数字化，即把旅游信息通过信息技术进行采集、处理、转换，能够用文字、数字、图形、声音、动画等来存储、传输、应用的内容或特征；从广义上讲是指充分利用信息技术，对旅游产业链进行深层次重构，即对旅游产业链的组成要素进行重新分配、组合、加工、传播、销售，以促进传统旅游业向现代旅游业的转化，加快旅游业的发展速度。因此，信息化与旅游信息化既是过程也是结果，对过程的理解侧重于实现信息化的过程，而对结果的理解则侧重于信息化的结果。然而，由于信息技术的不断发展，信息化在实践中更侧重于是一个随着信息技术的发展而不断进行的过程。智慧旅游则可理解为旅游信息化的高级阶段，其并不是旅游电子政务、旅游电子商务、数字化景区等用"智慧化"概念的重新包装，而是要能够解决旅游发展中出现的新问题，满足旅游发展中的新需求，实现旅游发展中的新思路以及新理念。为此，智慧旅游的建设目的集中于3个方面。

1. 满足海量游客的个性化需求

日渐兴盛的散客市场使得自助游和散客游已经成为一种主要的出游方式。据不完全统计,北京旅游中散客占到游客总数的91%。未来散客的市场份额将不断扩大,因此对于更加便利快捷的智能化、个性化、信息化的服务的需求将不断扩大。

2. 实现旅游公共服务与公共管理的无缝整合

随着电子政务向构建服务型政府方向发展,旅游信息化的高级阶段应是海量信息的充分利用、交流与共享,以"公共服务"为中心的服务与管理流程的无缝整合,实现服务与管理决策的科学、合理。

3. 为企业(尤其是中小企业)提供服务

中小旅游企业的信息化水平不高,在智慧旅游的建设过程中如何吸引中小旅游企业加快信息化进程是目前各智慧旅游试点省市在实践中遇到的难点问题。基于云计算的智慧旅游平台能够向中小旅游企业提供服务,为其节省信息化建设投资与运营成本,是中小旅游企业进行智慧旅游集约化建设的最佳方式。

(二)智慧旅游与数字旅游

数字化是将许多复杂多变的信息转变为可以度量的数字、数据,再将这些数字、数据建立成适当的数字化模型,把它们转变为一系列二进制代码,引入计算机内部,进行统一处理。旅游数字化的过程就是将旅游相关的数字和数据进行集成,然后建立旅游数据库和数字化模型,实现对这些数据的运用。智慧旅游是将一系列的数字和数据加以利用,其在利用的过程中,通过一定的智能设备和终端,实现便捷化、人性化和综合化运用。智能化和数字化相比,主要具有以下特点。

1. 数字化是固定的,而智慧旅游是灵活的

数字化是数据的简单的集成,通过这些数据形成一定的模型,这个模型是固定的,是没有"生机"的;而智慧旅游则是一系列的技术和人工的组合,技术因为人工智能而灵动,人工智能因为技术而先进。数字化是智慧旅游的基础。

2. 数字化是单体的,而智慧旅游则是多重要素的集成

数字化只能对其本身具有的要素进行整合和运用,而智慧旅游则可以实现对

各种要素的充分整合和运用。数字化是智慧旅游的有机组成部分。

（三）智慧旅游与虚拟旅游

虚拟化是指计算机原件在虚拟的基础上而不是真实的基础上运行。虚拟化技术可以扩大硬件的容量，简化软件的重新配置过程，从而使得新资源的配置过程不受现实、地理位置和底层资源的限制，因而它是一个逻辑视图而不是一个物理视图。虚拟旅游是指建立在现实旅游景观的基础上，运用虚拟现实技术，通过模拟或实景再现，构建一个虚拟的三维旅游环境，使得人们通过网络就可以在虚拟的旅游环境中饱览旅游风光。这种虚拟旅游的方式能够使人们看到生动逼真的旅游景观，仿佛置身于旅游环境一样。虚拟旅游是虚拟旅游平台技术的应用范围之一，应用计算机技术实现对旅游实景的模拟，使操作者仿佛身临其境般感受到旅游景观。

虚拟旅游与智慧旅游的区别在于，虚拟旅游具有一定的局限性。第一，就内容而言，主要局限于旅游景区、酒店等，范围明显较小，主要是给人们提供一个现场感受的感觉，即突出视觉感受。第二，就环境而言，虚拟旅游无法模拟现实存在的真正的旅游环境。真正的旅游环境中存在着各种变化的因素，这是虚拟旅游难以模拟的。旅游者开展旅游活动，不仅要看到优美的景观，更要感受到旅游中的各种现象，例如不同人的旅游行为等，而真实的环境是难以模拟的。第三，虚拟旅游的服务具有一定的局限性，人们在进行虚拟旅游时，无法享受到实地旅游中的相关服务。智慧旅游是一种宽泛的概念，人们可以通过虚拟现实技术感知旅游景区的美景，这本身也是智慧旅游的一部分；与虚拟旅游不同的是，智慧旅游体系还能及时将与旅游相关的各类信息发布给旅游者，使旅游者真正享受到旅游中的感觉。这是虚拟旅游所不能提供的，因而虚拟旅游只是智慧旅游的一个要素形式而已。

（四）智慧旅游与智能旅游

国内对智慧旅游和智能旅游这两个概念的理解存在一定的争议。王兴斌认为，旅游服务的最终环节是人对人、面对面的服务与交流，这种服务通过思想与情感的交流进而实现文化的沟通与交流，是旅游者对异域风情与社会人文的体验，任何科技手段都不能完全取代的人对人的服务。从旅游业的本质与特征而言，"旅游智能化"的提法更为妥帖。先进的科技手段为旅游活动提供方便、快捷、准确的智能化服务，弥补原始的人工服务的不足，同时它把智能化与人工化结合起来，让游客在享受现代科技的程式化、智能化成果的同时，又能享受传统的具有地域或民族风格的人情化、个性化体验，使传统服务与现代科技有机对接。这是现代服务业的新境界、新天地。智能旅游，更多体现的是智能设备在旅游中的运用，而智慧旅游并非单纯的智能设备的应用。智能设备是智慧旅游的实物依托，其能对信息进行存储和发布，满足旅游者和旅游管理的需要；然而，在设施设备提供服务的同时，通过人的意志进行旅游管理，通过智能设备载入人性化服务，这本身是一种智慧的体现，是经由设备来体现人的智慧。因而，智慧旅游更加强调了服务中人的因素。旅游业是一个服务密集型的行业，缺少了人文因素，旅游活动就会失去光彩，只有将人文因素贯穿到智能设备中，实现智能设备的人性化服务，智慧旅游才能名副其实。智慧旅游与智能旅游的主要区别在于智慧旅游相对嵌入了更多的人文元素。

（五）智慧旅游与互联化旅游

所谓互联化旅游，是指不同的旅游要素通过一定的技术手段，实现信息交换和信息共享的旅游机制。互联化旅游是一种旅游的联动性，旅游者的旅游行程可以在同一个旅游区，也可以是跨旅游区的。通过联动，可以促进区域间的合作共赢，方便旅游活动的开展，提高旅游效率。这主要表现在区域间交通环境的协调、信息网络的建立、政策制度的统一等，联动性、协调性和统一性将促进区域经济一体化与旅游一体化的进程。旅游主管部门通过互联化旅游可以实现统一营销、统一基础设施的建设等，如此可以减少成本，节约社会资源，实现不同区域的合作发展。在管理上，可以避免繁杂的不必要的手续，提高管理效率和管理水平，从而促进旅游业的发展。智慧旅游的重要表现是消费便捷性、信息共享性和区域联动性。因而，联动是智慧的体现，也是智慧旅游的基础，没有互联化旅游就无所谓智慧旅游，互联化旅游是智慧旅游的基础要件。

二、智慧旅游的总体特征

（一）信息化

信息是旅游发展的基础，也是旅游活动、旅游开发、旅游经济、旅游管理的重要因素。在旅游活动开始前，旅游者需要了解旅游目的地的各种相关信息，包括价格信息、景点信息、交通信息以及其他旅游相关信息；在旅游活动开展中，旅游管理部门通过对游客消费特征的调查统计，对相关信息的运用，从而实现对旅游市场的管理；在旅游景区开发之前，需要对旅游资源等各类资源进行调查，从而在信息充分的基础上实现旅游资源开发。信息的获取和应用涉及旅游发展的各个层面，智慧旅游的发展是对行业内外相关信息的充分整合与运用。

（二）智能化

智能化是智慧旅游的重要体现，没有智能化，智慧旅游也就无从谈起。智能化体现在方方面面，如对旅游资源的开发，对旅游信息的获取，旅游活动的开展，旅游市场的管理等。通过信息技术和智能设备，实现智能化服务与管理。在服务端，智能化可以实现数据统计、信息集成；在使用端则方便主体使用。

（三）专业化

专业化是智慧旅游的要求，智慧旅游与智慧城市和智慧地球不同，其范围更小，相对而言，其专业性更加突出。具体而言，一是专注，即设立单独的开发部门，针对旅游者、旅游运营商和旅游管理方的需求，开发单独的设备，满足旅游活动、旅游运营和旅游管理的需求；二是专业，实现旅游人才与技术人才的有机结合，进行专业化操作；三是专攻，对旅游中存在的专业性和管理性难题，进行专项攻克，实现旅游业的畅通发展。

（四）全面化

智慧旅游的发展应用应是全方位、多层次和宽领域的，在旅游业的规划与开发、旅游项目的发展与运营、旅游活动的开展中实现全方位的应用。无论是高端旅游还是大众旅游，无论是发达地区的旅游还是欠发达地区的旅游，无论是大型区域间的旅游还是小型的旅游目的地都应当逐步向智慧旅游转变，此为智慧旅游的多层次应用。智慧化体现在旅游的各项要素中，比如智慧酒店、智慧餐饮、智慧旅行社、智慧旅游景区和智慧基础设施的建设，此为智慧旅游的宽领域应用。只有实现全面信息、全面建立、全面共享，保证旅游消费智能化、旅游供给智能化、旅游管理智能化，才能实现智慧旅游的全面发展。

（五）互联化

智慧旅游的一个重要方面是将各个孤立的要素解脱出来，将其与其他要素进行有机整合，从而有效避免信息孤岛现象的发生。首先，设施互联互通。矗立在街头的显示屏、景区的触摸屏等不是单独存在的，而是一个信息统一、节点分散的网络终端，不同地点的旅游者可以通过分散的终端获得相同的信息。其次，要素联动。旅游者来到旅游目的地后，不仅要旅游，同时还要住宿娱乐等。智慧旅游将这些信息进行集成，旅游者可以一站式获得各类信息和服务，从而实现信息的有效获取。再次，管理联动。对旅游资源、旅游者、基础设施等的管理，实现互联互通，提高管理效率。最后，区域互联互通。不同的区域在旅游业发展上相互支持、相互依托，实现区域互联互通，既有利于开发新的旅游产品，又可以集约成本，从而进行综合性的市场管理和运作。

（六）便捷化

便捷是智慧的体现，也是人们对智慧的要求。便捷的旅游服务体系能够赢得旅游者的信赖，刺激旅游消费，缓解旅游者的紧张心理。首先，使用便捷。使用便捷需要体现以人为本的理念，最大限度地方便人们使用。其次，设施便捷。便捷的设施体系能够便于人们获取旅游信息。最后，技术便捷。不同文化程度的人们在使用同一种设备时，不应有知识上的歧视，要避免误解的产生，使得这种服务能够为绝大多数人所获取，这是便捷的直接体现。

第二节 智慧旅游的理论框架

一、主体维度

主体维度主要是指基于旅游生态圈的供需关系而产生的各主体之间的交互模型。从智慧旅游信息系统的应用对象及其相互关系入手，围绕应用对象本身及其之间的交互，以及对智慧旅游的需求，我们可以构建智慧旅游的主体维度3W模型。

主体维度是指智慧旅游的投资开发、运维管理和用户这些主体分别是谁，确定这些主体对于智慧旅游的可持续发展是十分重要的。一般来说，智慧旅游的主体由下列各相关利益方组成：以政府为代表的旅游公共管理与服务部门、旅游者、旅游企业以及目的地居民。智慧旅游既需要满足应用主体自身的需求，也需要满足应用主体之间的交互需求。例如，对于旅游者，智慧旅游既面向旅游者自身（T）及其之间（T2T）的需求，又面向旅游者与政府之间（T2G）、旅游者与企业之间（T2E）以及旅游者与目的地居民之间（T2R）的交互需求。与传统信息技术应用面向政府、企业与旅游者三大主体不同，智慧旅游将目的地居民纳入应用对象，即智慧旅游在智慧城市外延下，不仅能够为旅游者提供服务，还能够使旅游管理、服务与目的地的整体发展相融合，使旅游者与目的地居民和谐相处。

二、科技维度

科技维度主要是指智慧旅游中的建设主体所应具有的科学技术能力及其建设与实施的特性与应用方向。笔者将其归纳为3A［能力（ability）、属性（attribute）、应用（application）］模型。

能力（ability）是指智慧旅游所具有的先进的信息技术能力，属性（attribute）是指智慧旅游的应用是公益性的还是营利性的，应用（application）是指智慧旅游能够向各方利益主体提供的具体功能。公益性是指智慧旅游的应用由政府或第三方组织提供，以公共管理与服务为目的，具有非营利性。营利性应用由市场化机制来决定服务的提供商。智慧旅游的属性能够决定其开发主体、应用主体及运营主体。智慧旅游的3A科技维度的内涵可归结为以下3点。

一是以智慧旅游目的地的概念来明确应用主体。因此，除了一般智慧旅游所涵盖的旅游者、政府、企业，还包含了目的地居民。

二是公益和营利属性是信息技术能力和应用的连接层，即纵向可建立起基于某种（某些）信息技术能力，具有公益或营利性质的、面向某个（某些）应用主体的智慧旅游解决方案。

三是公益性智慧旅游和营利性智慧旅游的各种应用以及两者之间具有的某种程度的兼容性和连通性，可最大限度地避免信息孤岛并可填补信息鸿沟。

三、服务维度

服务维度是指从用户的角度考虑的可用（availability）、便利（accessibility）和经济（affordability）等特性。

一是可用。可用是指在技术上可行，便于客户操作，学习成本低，实用性强，能给用户带来实际的好处，为用户创造价值，而不只是炒作概念。

二是便利。便利是指可以让用户很容易获得，与用户交互的界面友好，如尽量使用一键登录，而不是逐条填写烦琐的个人信息进行提交；对于游客来讲，采用二维码扫描登录，就比手工输入网址要方便得多；有些应用（如景区的场解说）采用二维码扫描登录官方微信账号要比下载应用软件更加方便简捷，既不占用流量，登录速度也较快；服务尽量前置化，如及时推送实时信息，以及加强基于客户端的开发和应用。

三是经济。经济是指提供的应用和服务是用户或游客支付得起或愿意支付的。因此，一般收费不能太高，最好免费，或者由第三方承担费用。这也是互联网经济在商业模式上的创新之处。

第三节 智慧旅游的功能与价值

一、主体功能

（一）社会功能

1. 资源整合

智慧旅游的发展建设，不是单一资源的利用，而是各类资源的有机整合，其在发展过程中，也会对社会资源进行整合。智慧旅游是一个庞大的系统，其中涵盖了较多的资源要素。就旅游企业而言，包括技术资源、市场资源、人力资源等；就公共供给而言，主要有土地资源、媒体资源、信息资源等。对各类资源进行优化整合，促进资源的充分利用，从而实现智慧旅游功能的集成，这是智慧旅游社会功能的主要体现。

2. 公共服务

如果说旅游企业开展智慧旅游经营管理活动是出于自身利益最大化的考虑，那么政府构建智慧旅游体系的出发点则是提供公共服务。智慧旅游的建立，能够为公众提供各类服务，如城市交通导引系统、安全事故预警系统等。这些信息与其说是为旅游者提供的，不如说是为社会公众提供的，因为这种服务已经不单纯是旅游者所需要的，而是社会公众都需要获得的。为社会公众提供服务，一方面是发展旅游的需要，另一方面也是构建服务型政府的重要体现。

3. 应急救援

在旅游过程中，抑或发生公共危机时，为公众提供救援是智慧旅游功能的体现。首先，在危机发生后，处于危机中的人能够通过智能终端设备，将自身所处的危急情况发布出来，让人们了解，这体现的是智慧旅游的信息接收功能；其次，在接收信息后，通过广阔的网络覆盖，及时地将这些信息传播给有关部门，从而迅速采取行动，及时化解危机，这体现的是智慧旅游的联动功能；最后，在危急情况出现时，通过智慧旅游体系，及时地将相关信息扩散给最广大的社会公众，这体现的是智慧旅游的扩散功能。由此可见，通过接收、联动和扩散，能够实现智慧旅游的应急救援功能。最重要的是，通过畅通的智慧旅游系统，能够及时地传递旅游信息，可以起到事故防范、安全预警等作用，从而减少事故的发生。刘军林和陈小连对智能旅游灾害预警与灾害救助平台的构建与应用进行了研究，认为智能旅游系统及其灾害预警与灾害救助平台，能即时发布旅游气象灾害、地质灾害等方面的信息，对旅游防灾意识宣传、旅游灾害监测、旅游灾害预防与提醒及旅游灾害救助都具有十分重要的意义。

4. 社会治理

智慧旅游实现其社会治理的功能，主要体现在其惩恶扬善的公开性。智慧旅游是一个信息发布的渠道，更是信息共享的载体，人们通过智慧旅游体系获得信息，主管部门通过法制和德治的方法，利用智慧旅游系统，将社会中的尤其是旅游活动和旅游经营中的优良和不良现象公之于众，使人们明确社会主义道德观和法律观，从而自觉规范自身行为，有利于促进社会管理。

（二）经济功能

就经济发展形式而言，智慧旅游的发展将推动旅游市场由线下向线下线上相结合转化。传统的线下经营模式中，个人或组织想进行旅游消费，必须前往旅行社、旅游酒店或旅游目的地现场进行购买。在购买之前，旅游者不能充分获得旅游消费的相关信息，因而，市场运行不够透明；同时，人们到消费场所进行现场购买，在购买时获得相应的信息，于是做出消费决策，这种消费决策通常并不能达到最优。人们花费较多的时间、精力和金钱来进行旅游消费，结果却消费不畅且极不便捷，这在某种程度上抑制了旅游需求。因为在获取信息或者购买困难的情况下，人们可以不进行旅游消费或以其他的消费方式予以替代。智慧旅游的出现，推动了旅游信息化的发展，使得线上旅游业务和旅游电子商务的发展进一步大众化和平民化，人们易于获取准确全面的旅游信息，同时又便于进行网上支付，消费的便利化使得旅游近在身边。线上与线下的融合发展，将推动旅游业的发展进步。

就经济发展效益而言，智慧旅游的发展能够产生明显的经济效益。从短期来看，智慧旅游发展中投资的增加使得政府和企业的成本增加，然而，从长远发展来看，这种短期追加的固定资本将会转化为长期收益，并且这种短期投入的固定资本远比长期发展中各类成本的总和要小得多。例如，智慧旅游的发展需要相应的设施、技术和人才，而智慧旅游系统的建立，使得组织和企业能够获得竞争优势，并且智慧旅游系统一旦建设完成，能够保持长期的运营。就实体企业而言，在日常的经营运作中，各种固定成本和可变成本之和要远多于在智慧旅游中的投资；同时，作为一种新的经营管理方式，通过智慧旅游系统，旅游目的地或旅游企业能够直接与旅游者进行沟通和交互，从而有利于建立良好的形象，维持顾客关系，提升顾客忠诚度，从而创造经济效益。

（三）文化功能

作为公众生活的一部分，智慧旅游的存在与发展随着人类社会的发展而不断演化和前进，其在人机交互的过程中，将推动社会文化的发展。

1. 物质文化

在智慧旅游中，智能设备、智慧旅游设施是人们直接接触的物质载体，这是一种科技文化，且被应用在旅游发展中。科技与旅游相结合，形成具有旅游行业特色的科技实物，承载着智慧旅游中的物质文化，例如旅游咨询中心的特色建筑、特色设备，具有提示意义的实物，都承载着一种可以触摸的实体文化。

2. 制度文化

不同于政府和企业中存在着明确的制度，智慧旅游本身不存在制度，不像企事业单位中工作人员的行为受到约束，智慧旅游所倡导的制度文化是一种文化认同。人们在日常的生活中，通过智慧旅游系统，经由智能设备和终端设施，可以主动地了解相应的法律法规、道德规范和行为准则等；在了解、学习和掌握法规、规范等的基础上，人们自觉遵守、自觉践行、合理运用，在遇到问题时，运用法律和相关制度予以解决，从而形成法制和德治相结合，人们自觉遵纪守法的文化。

3. 行为文化

智慧旅游推动人们行为文化的发展变迁，例如，消费方式由线下转到线上；信息获取方式由交易过程中获取转变为交易前获取；支付方式由购买时支付转变为购买前或购买后支付；支付渠道由现场支付转变为网上支付。在人的行为方式方面，传统的随团旅游向自助旅游转变；对景区景点的讲解，由导游讲解转变为智能设备讲解。旅游者的行为方式随着技术和经济的发展而不断改变，而智慧旅游的发展，则直接加快了这种行为文化转变的速度。

4. 精神文化

精神文化是文化的核心，智慧旅游作为一种现代生活方式，本身并不能改变人类的精神文化，也不能强化精神文化，但其在间接产生精神文化方面的作用却不可小觑。智慧旅游通过推动旅游的发展促进精神文化功能的形成。智慧旅游促进人类旅游方式的转变，从而有更多的人参加旅游，在旅游的过程中，人们的思想意识得到端正，自身素质得到提升。例如，通过游览祖国的大好河山，增加了自己的爱国热情；通过参加生态旅游活动，增强了自己的环保意识。这种潜移默化的作用，正是智慧旅游文化功能的体现。

(四)科技功能

1. 推动现有技术的普及应用

智慧旅游的发展,需要依托两类技术的发展。其一,信息科技核心技术的发展。云计算、移动通信技术、全球定位系统(GPS)等技术的发展使得相关的数据和功能得以生成,智慧旅游的建立将会推进技术在旅游行业内的普及应用,旅游业的应用将会形成示范效应,从而引起其他行业的同时跟进,因而,智慧旅游的应用将能推动核心技术的普及应用。其二,设备终端技术的发展。核心技术的应用最终应当使人们的生活更便捷,因而,越来越多的人通过智能终端来接收智慧旅游的相关信息,进而促进了行业发展。

2. 加速新技术的研发

随着社会的发展和需求呈现的多样化趋势,智慧旅游不断发展,一些新的功能和需求需要满足,因而,对智慧旅游中科学技术的水平也提出了更高的要求,在市场规律的运作下,企业便会投入更多的资本来进行新技术的研发。

(五)环境功能

1. 提高生产效率,节约社会成本

智慧旅游的发展,将会节约社会成本,促进旅游企事业单位无纸化办公的实现。传统的企业运作是一种高碳式的运行,消耗大量的人力、物力和财力,且效果一般。智慧旅游的建立,将会使得许多人力和物力从工作中解脱出来,减少资源的消耗;在资源有限的情况下,减少消耗就是一种对环境的保护。同时,智慧旅游的发展与我国建设资源节约型和环境友好型社会的发展战略是相一致的。

2. 提升公众素质,强化环保意识

人们在旅游的过程中,通过与不同人群的交流,与不同文化的融合,逐步提高自身素质;与此同时,其自身的环保意识也得以增强。如在生态旅游景区,优美的自然环境和良好的社会环境使人们对环境保护的自觉性得以增强,这也是环境功能的体现。

3. 提速智能步伐，避免环境破坏

智慧旅游的发展不能仅仅限于企事业单位的应用，不能仅仅应用于市场，也不能仅仅侧重于服务，同时还应逐步地完善其功能，比如环境监测和环境治理功能等。例如，在旅游开发的过程中，引入智慧旅游设备，对拟开发地区的生态环境予以跟踪监测，及时获取相关环境数据，了解环境情况，从而指导旅游开发，避免旅游发展中对环境的破坏。

二、行业价值

发展智慧旅游对旅游业意义重大，无论是旅游者、旅游企业，还是旅游主管部门，智慧旅游都具有非常深远的意义。智慧旅游将在优化旅游者行为模式、旅游企业经营方式和旅游行业管理模式上，推动旅游行业发展。

（一）旅游者

旅游开始之前，人们可以通过智慧旅游设备设施查询相关信息。人们可以在旅游前或旅途中，通过网络等途径，获得旅游目的地的相关信息，这些信息包括旅游资源、市场信息、旅游服务质量和类别等。这些旅游信息，为旅游者进行出游决策提供帮助。通过智慧旅游体系，人们可以获得更为完备的信息，因而能够"货比三家"，在信息透明的情况下，人们可以个性化地安排自己的旅游行程。在旅游目的地，旅游者不必拘泥于以往的团队式旅游（行程固定，灵活性较差），可以通过选择，自己来安排旅游行程。对旅游者而言，这种旅游活动完全是依照自己的意愿定制的，因而更具有自主性，这可以提高人们对旅游活动的认可和满意度。在获取足够充分的信息后，人们可以进行预订，传统的营销和预订较为麻烦，而通过网上预订，信息较为透明，支付比较方便。旅游者来到旅游目的地后，可以直接开展旅游活动，避免了排队购票、查阅信息等时间的浪费，各种计划已成竹在胸，可以尽情享受自己的个性化旅游。同时，智慧旅游系统还能及时地发布目的地、酒店、景区等相关信息，人们可以根据自己的需要选择性地开展旅游活动，也可以避免景区的"拥堵"现象，实现人流疏导。

在旅游过程中，智慧旅游可以实现四个功能：导航、导游、导览和导购。一是导航。导航是将位置服务嵌入旅游信息中，借助如全球定位系统导航、基站定位、无线网络定位、无线射频识别技术定位和地标定位等技术，实现智能终端设备与网络和位置服务进行连接，旅游者可以通过智能终端设备为自己随时随地进行定位。基于此，在旅游过程中，旅游者可以随时获得自身的位置信息，引导自身行为，从而有利于缓解旅游者在异地开展旅游活动时的陌生感和紧张的心理；通过位置服务，旅游者能够获得相关的路线图、距离和时间等信息，从而为自我行程提供建议。二是导游。旅游者来到旅游目的地后，其旅游活动不仅仅限于旅游景区，同时还会参加一些其他的活动，比如观看演出、逛街等，因此需要了解自身周边的酒店、景区、旅行社、银行和邮政等信息。智慧旅游能够精确地为旅游者提供这些信息，从而便于旅游者做出决策，即智慧旅游不仅仅限于旅游活动，凡是与旅游相关的活动，都应当成为智慧旅游发展的重要内容。三是导览。旅游者到达某一旅游目的地进行旅游活动，在某一个旅游景点，需要了解的相关资料，例如景点的内容，即导游在旅游活动中所讲解的内容，可以通过智能设备，便捷地获得，从而实现设备导游而非现实中的人员导游。四是导购。旅游消费的过程中，智慧旅游应当提供充分的信息，供旅游者进行选择。例如，旅游者在选择酒店时，需要知道酒店的星级、顾客评价、发展历史、价格、优惠政策等，这些信息应当与在实体酒店中所了解到的是同等的，从而保证消费者的知情权，进而使得交易能够正常进行。导航、导购、导游、导览的功能集成，能够真正实现旅游者在旅游过程中的自主化。

在旅游结束后，旅游者一般会进行信息反馈。就反馈信息的内容而言，可以分为两个方面。其一，旅游心得分享。旅游者会分享旅途中所遇到的新奇事件，获得的满意服务，看到的奇特景观。其分享的是一种愉快的超乎寻常的体验，因而，若能够将此正面信息传递给他人，便可使得旅游要素的品牌和形象得以强化，从而使旅游目的地吸引到更多的游客。其二，旅游者对旅游中存在的一些不满，也会向公众传播。因此，旅游者的分享实际上是一把双刃剑，把其中的满意因素公之于众，把其中的不满加以曝光。这在无形中会促使旅游企业提高服务质量，规范自身行为，逐步提升自身的品牌形象，从而扩大知名度，提高美誉度。同时，反馈的信息也可能是一些投诉建议，智慧旅游作为一种系统、平台和渠道，既为旅游管理提供便利，也为旅游者的权利保障提供法律和技术支撑。旅游主管部门应当充分利用智慧旅游的功能价值，解决旅游中的主体问题，从而优化智慧旅游的发展环境。

（二）旅游企业

1. 提供产品

智慧旅游丰富了产品的形态。传统的旅游产品过于单一，其主要局限于一般的旅游线路产品，如观光旅游产品、度假旅游产品、旅游景区和旅游酒店等内容。这些产品基本上处于旅游的初级阶段，只能满足基本的需求，产品的形态不够丰富，人们的个性化需求不能得到有效满足；同时，在经营管理的过程中，出于成本利润的考虑，个性化和定制化的旅游产品并不多。智慧旅游的出现、高科技的应用，使得旅游景区、旅行社等对旅游产品的开发力度加大，产品形态逐渐丰富，人们借助智慧旅游，更能使自身的需求得以满足，因而在一定程度上能够促进旅游产品的多向发展。同时，智慧旅游也拓宽了旅游的销售渠道，传统的营销和促销被逐渐地放大。智慧旅游将旅游产品搬到线上进行销售，使旅游者更易获得。微博、微电影、空间等的出现，智能设备的广泛应用，使得人们接触的新媒体增多，而在新媒体上进行旅游产品的销售，并引入智慧旅游，可以极大地拓宽产品的销售渠道。

2. 展示形象

智慧旅游拉近了旅游企业与旅游者之间的距离，也为旅游企业展示形象提供了更好的平台。智慧旅游的运用，智能终端的使用，使得旅游信息的发布更为快速和频繁。旅游企业可以通过产品来展示自身的形象，产品的多样化、个性化、人性化、标准化、人文化和科技化等成为旅游企业展示自身的一个重要途径。通过了解产品，人们可以了解旅游企业的经营方向和发展理念，形成对旅游企业的良好印象。自觉履行社会责任的企业将会赢得政府和社会的青睐。政府在推动智慧旅游发展过程中对其宣传，展示企业的优质产品、企业文化、经营理念等，通过正面宣传强化其在公众心目中的良好形象，既能在行业中起到模范与示范作用，又能进行免费宣传。旅游企业也可以通过旅游者展示形象。旅游企业为旅游者提供优质的产品和服务，得到旅游者的赞赏，旅游者在游览后会将旅游中的感受分享给他人，通过滚雪球效应不断强化企业在人们心目中的美好形象。

3. 节约成本

臃肿的组织结构使得企业在经营的过程中增加成本，运行起来举步维艰，然而，智慧旅游的应用，能为企业节约成本。首先，旅游企业能通过网络获得旅游者的信息和需求，进而根据需求制定产品、价格、促销和渠道策略，从而避免以往进行市场调查持续时间长、耗费人力多、成本开支大的弊端；同时，在产品销售的过程中，通过网络进行智能化销售，运用机器设备实现销售水平的提高，从而节省人力资本。在信息的保存上，将企业信息进行云存储，随时更新随时应用，由机器进行管理，易于保存，不易损坏，取用方便。既节省人力物力，又避免资源的浪费，同时还能实现企业的低碳化运营。发展智慧旅游还能降低资金成本。以往采购物质资源，交通等费用是企业一项不小的开支，并且这种开支的发生频率高，而智慧旅游的应用，将实现企业的虚拟化采购，从而极大地节约成本。

4. 优化企业管理

企业在管理过程中需要依托较多的技术和设施设备，传统管理中的较多方法和实践是粗放型的，管理起来困难而庞杂。比较明显的例子是信息调用困难，如客户信息的管理、财务状况的记录，这些信息和资料通常以笔记的形式记录，储存量较大，修改、保存、查找和取用困难，为了调用一项信息或数据会花费较长时间，并且时常容易出错。智慧旅游建设运用云计算等技术，实现企业数据的集中管理，将存储和计算等网络化、系统化、实时化、智能化，实现数据和信息应用的便捷化。这样既提高了企业的信息化水平，又提高了其经营运作的效率，还推动了企业的标准化建设。

5. 转型升级

智慧旅游的发展建设将促进旅游业的转型升级。首先，旅游市场由线下转变为线上线下相结合，智能设备与移动互联网的无缝对接，使得人们更加便捷地利用智能设备，实现旅游产品的网上购买。其次，旅游产品的优化升级。传统的旅游产品只能满足旅游者的基本需求，然而，随着智慧旅游的应用，旅游产品会向着科技化、人文化、个性化的方向发展，使得旅游产品更具文化内涵。智慧旅游的发展将调整产业结构、优化旅游方式，从而促进旅游业的转型升级。

（三）旅游主管部门

旅游主管部门进行智慧旅游建设，主要体现在两个方面：一方面是内部体系的建设，如智慧办公体系；另一方面是外部体系的建立，如智慧旅游公共服务体系的构建等。无论是外部还是内部智慧体系的建设，无非要达到两个目的。

第一，实现智慧政务处理。旅游业发展涉及较多行业和要素，在发展的过程中政府管理部门有烦琐的工作需要处理，旅游行政管理部门在业务处理的过程中同样存在着提高效率等现实诉求。智慧政务的建设，能够使得相关的管理和服务工作随时随地进行，不仅节省人力、物力和财力，还有利于提高办事效率。

第二，外在形式的公共服务体系的建设。这是创建服务型政府的体现。通过智慧旅游体系，及时将相关的政策、法律和规范等公之于众，使人们了解相应的法律法规，因而能够使得行业运作更加透明；同时，及时地将旅游行业信息予以公布，使得旅游者和旅游企业自觉规范自身行为，能够有效促进行业的自我管理。因此，旅游主管部门推动智慧旅游发展建设的着眼点和落脚点是推动行业发展、助力行业监管和提供公共服务。

具体来说，智慧旅游的发展将从以下6个方面促进旅游行业管理。

1. 行业统计

通过位置服务和网络服务获得旅游相关的各类信息，对旅游者的行为特征进行分析。例如，对某一类型的旅游景区，其旅游者的共同特征是什么，该类旅游活动表现出什么样的发展趋势等。

2. 需求采集

市场交易主体能够进行动态的双向的信息交流。通常情况下，需求决定供给，旅游者将其对产品的需求通过智慧旅游体系反馈给管理者，管理者据此引导旅游市场的发展，进而有针对性地提供产品和服务。

3. 预警预报

旅游市场具有敏感性和脆弱性，容易受到各类因素的影响，智慧旅游的建立，能够及时地反映市场动态，便于旅游管理部门见微知著，从而及时采取措施，引导行业的健康发展。此外，在旅游活动中，遇到突发事件、出现险情时，可以通过智慧旅游体系获得救助，全面高效的救助体系能够在第一时间作出反应，从而及时解决危机。同时，旅游主管部门可以通过智慧旅游体系，发布潜在的危险信息，旅游者经由智能终端设备获得这些信息，从而及时地采取预防措施，减少不必要的损失。

4. 监督管理

旅游者和社会大众在透明的信息网络下，在便捷的智慧旅游体系下，可以及时地将旅游过程中的不良行为公之于众。大众的监督管理可以督促旅游企业约束自身行为，从而促进旅游企业的规范化运营。

5. 投诉处理

旅游者在旅游中处于劣势地位，因而，较多的旅游者在权利受到侵害后，没有采取相应的措施加以维护，为了保证旅途的顺利进行而选择忍气吞声。智慧旅游的出现，使得投诉更为便捷，投诉的处理能力也得以增强。因而，智慧旅游的建立将会极大地提升旅游投诉处理效能。

6. 科学决策

智慧旅游的"智慧"能够生成优秀的决策方案，进而促进旅游主管部门做出科学决策，促进旅游业的持续健康发展。

（四）旅游业创新发展

1. 为不同主体进行智慧旅游发展建设提供理论支撑与实践指导

当前，智慧旅游建设主体主要有政府和企业，政府主要从公共服务视角建设智慧旅游目的地，在顶层设计中明确规范做出指导；企业则主要围绕自身发展需求，有针对性地发展建设智慧旅游项目。统筹政府和企业两方需求，明确各自的任务和职责，能够理顺智慧旅游发展建设的逻辑思路，在此基础上为政府和企业进行智慧旅游发展建设提供理论依据和实践借鉴。

2. 为智慧旅游发展建设对象提供切实可行的对策建议

从旅游要素或旅游目的地来看，智慧旅游发展建设的对象主要包括智慧景区、智慧酒店、智慧旅行社、智慧旅游目的地等，其中尤以智慧景区和智慧旅游目的地的建设较为普遍。在发展实践中，不同景区进行智慧旅游发展建设的思路、过程、项目、路径并不相同，分析并明确不同要素或旅游目的地进行智慧旅游建设的逻辑思路和体系框架,能够在既定条件下发挥智慧旅游的最大效力。从智慧旅游功能要素和框架体系来看,当前智慧旅游发展建设主要集中于微信、二维码、网络覆盖、旅游网站、综合数据库、线上商务平台、智能监控系统、智能门禁系统、安全预警系统、自动化办公体系、客房多媒体系统等内容。同时,依据建设难易程度、成本投入大小、应用轻重缓急等实际情况,智慧旅游建设往往是不成体系的,甚至是碎片化的。将这些零散的建设思路整理成现实可行且能持续发展的路径和发展步骤,能够从长远上保障智慧旅游发展建设的内容、体系、规模、步骤,并最终推动智慧旅游发展建设整体水平的提升。

3. 为智慧旅游发展建设的路径选择提供现实依据

作为旅游业发展的重要推动力量,政府和企业看到了智慧旅游的功能作用及隐藏在背后的商业价值,于是,许多地区开启智慧旅游发展建设。殊不知,智慧旅游发展建设不可一蹴而就,它是一个庞大、系统的工程,在建设中需要投入巨大的人力、物力和财力。在经济社会发达、旅游市场旺盛的区域,发展智慧旅游或许能够解决旅游业发展的许多问题,同时对建设主体本身也不会造成负面影响,因此智慧旅游的建设无可非议。但是,在一些经济水平较低、地方财政困难、旅游条件不优越,智慧旅游的功能暂时不能有效发挥的区域,投入大量资金开展智慧旅游建设,一时会收效甚微,甚至会影响当地经济社会的发展,在此情况下,智慧旅游发展建设就需仔细斟酌了。因此,各地区、各主体应当结合自身实际,选择与之相适应的智慧旅游发展路径,如通过分期建设,明确智慧旅游功能需求的轻重缓急,有规划、有重点、有策略地发展建设,持续推动智慧旅游健康发展,并充分发挥智慧旅游的优势。

4. 为新常态下智慧旅游发展建设提供新思路

当前,中国旅游业面临转型升级的新常态,包括大数据、产业融合、技术应用、在线交易、区域一体化等,智慧旅游的发展建设应当结合新常态、顺应新形势，在新常态下集聚新理念、新功能，进而丰富完善智慧旅游功能要素和体系架构，促进智慧旅游在动态变化的社会环境和市场环境中稳步发展。

智慧旅游的发展建设，在旅游者、旅游企业和旅游行政管理等三个方面有着共同的但有区别的内容和需求，但最终都能通过智慧旅游的发展建设，推动中国旅游业的优化升级。智慧旅游的发展建设，需要旅游业产学研界的共同发力，只有进行整体建设和联动发展，才能实现智慧旅游体系的全面构建。

三、社会价值

（一）智慧旅游服务社会的优势

1. 政策优势

文化和旅游部明确旅游信息化的重要作用，提倡运用现代信息技术提升旅游业的战略地位和发展水平，从政策层面上，政府的支持能够促进智慧旅游的发展；同时，智慧旅游也能实现必要的社会功能。国家从政策角度出发，一方面要提升旅游业的整体发展水平，另一方面则要提升其社会服务能力，因而，智慧旅游服务社会具有政策上的优势。

2. 资源优势

旅游是一个复杂的综合体，涉及不同的行业，其发展有赖于资源的富集。单一行业如景区和旅行社等资源有限，在服务社会方面，能力不足，并且不易与其他行业产生联动。旅游业则是一个综合性的行业，其发展涉及交通、餐饮、住宿、卫生、工商、公安等部门，只有具备了相关的信息和资源，旅游业才能健康发展。智慧旅游体系对这些部门的信息和资源进行整合，其具备的优势资源是服务公众的主要内容。

3. 技术优势

旅游业原本是一个社会性和文化性较强的行业，当今旅游业的发展主要是从经济学的角度展开的，然而，随着智慧旅游的发展，必然要实现现代科学技术在旅游业的应用，将原本应用于社会服务的技术，如遥感技术、互联网技术、云计算技术和移动通信技术等应用到旅游行业中，使得旅游业发展拥有了各种现代技术。科学技术和行业发展的需要，使得相关技术的研发和应用增多，因而引发了新技术的产生和发展。旅游行业具备较高的技术水平，其在服务社会的过程中，自然就更加具备了技术优势，将旅游行业技术运用到社会中，或者通过在旅游业中运用现代技术，为社会发展服务，这本身就是智慧旅游服务社会的技术优势。

4. 传播优势

旅游活动的多样性决定了旅游行业的综合性，旅游业对信息的整合与传播具有较高的要求。大众旅游的到来，自助游的兴起，使得人们对获取信息的需求增加，智慧旅游体系能够高效便捷地满足人们的信息需求。各类信息在相互差别的行业、受众和环境中进行传播，要求智慧旅游必须具备完备的信息传播渠道。智慧旅游在服务社会的过程中，可以充分利用其完备的信息体系架构，实现信息的高效传播。及时高效的信息传播体系能够方便人们的生活，从而实现智慧旅游服务社会的功能。

5. 生态优势

智慧旅游服务社会主要在以下方面体现其生态优势：从经济发展的角度来看，旅游业是无烟工业，是现代服务业的范畴，其发展能够促进经济水平的提升；从文化传承的角度来看，旅游发展能够促进社会先进文化的保护和传承；从生态保护的角度来看，旅游发展是文明发展，能够促进生态环境的保护。智慧旅游从建设到运营，整个过程体现着生态优势。就建设而言，基础设施和智能设备的建设和使用，能够有效地避免房屋、土地和空间等资源的浪费，减少其对生态环境的破坏；就运作而言，智慧旅游体系在建成后能够多次重复利用，通过运用现代技术，使得原本复杂困难的人力劳动由机器完成，从而减少行业运作中人、财、物的浪费，进而节约社会成本，实现低碳化发展，其符合资源节约型和环境友好型社会的发展战略。将智慧旅游的生态优势加以运用，能够实现社会服务的可持续发展。

正是由于智慧旅游在社会服务方面同其他要素相比具有政策优势、技术优势、传播优势和生态优势，所以，智慧旅游发展迎合了当代社会发展的主旋律，因而得到各地的认可，从而实现了其快速发展。

（二）智慧旅游服务社会的路径

1. 智慧旅游服务社会的结构模型

南京市智慧旅游的发展实践反映了其服务社会的具体内容。

智慧旅游服务社会从服务旅游行业开始，由于旅游活动具有综合性，旅游者在信息咨询、交通导航和水电需求等方面与居民日常生活具有较大的相似性，居民能够经由智慧旅游设施设备，获得信息咨询、交通导航等相关服务。同时，行政管理部门能够通过智慧旅游体系实现社会管理。因此，智慧旅游体系具备了服务行业发展、社会管理和公众生活这三方面的服务职能。随着信息技术的发展和社会文明的进步，智慧旅游体系将进一步融入社会生活，为社会提供服务。

2. 智慧旅游服务社会的路径选择

（1）加强政策引导，促进规范发展

首先，由政府制定智慧旅游体系发展的战略方针，以法的形式规范智慧旅游的发展，避免盲目建设和雷同开发；其次，对智慧旅游体系建设中的重大项目，政府从人才资源、金融信贷和部门协调等方面给予支持；再次，旅游发展，规划先行，在智慧旅游建设前，制定科学的规划，按照规划思路，科学有序地推进智慧旅游的建设；最后，对智慧旅游建设项目进行实时跟踪、监测和评估，动态调整智慧旅游的发展进度，对其中产生的偏差予以纠正，使智慧旅游适应经济社会和技术环境的改变。

（2）加快技术研发，落实行业应用

就技术的研发而言，主要包括三层：社会层、行业层和要素层。社会层是指整个社会大环境中的现代技术，如云计算、遥感技术和移动通信技术等，其在社会中的广泛应用是智慧旅游发展的技术基础；行业层是指旅游行业中的现代技术，如虚拟旅游、旅游软件等，其为智慧旅游发展的中坚技术；要素层则是在旅游行业具体要素范围内的技术，如电子票务系统、数码客房服务系统等，其为智慧旅游的核心要件。无论是哪种技术层面，只有加强研发，并运用到发展实践中，才能提升智慧旅游服务社会的能力。

（3）加强资源整合，提供信息基础

资源整合的程度，可以分为横向的拓展和纵向的延伸：在横向上，由旅游行业向相关行业再到周边行业逐步拓展，拓宽智慧旅游服务社会的范围；在纵向上，将特定服务不断挖掘、深化，提升智慧旅游服务的水平和质量。横向和纵向的充分整合，实现信息资源的存储、运算和传播。同时，依托智慧旅游设施设备和个人移动终端，实现智慧旅游服务社会的泛在化。

（4）加大投入力度，注重能力建设

智慧旅游建设是一个系统的工程，需要巨大的人力、财力和物力的投入，较少的投入只能集中于某点或某种能力的建设，其远不能实现智慧旅游的总体目标；只有加大投入力度，注重智慧旅游服务社会的能力建设，才能实现投入产出的最大化。当然，加大投入力度的同时应当遵循以下原则。一是把握全局，突出重点，对智慧旅游的核心能力进行建设。二是明确思路，循序渐进。智慧旅游的建设不是一蹴而就的，而是一个逐渐丰富和完善的过程，只有循序渐进，才能稳步发展。三是综合考虑，量力而行。不同区域的经济、社会、文化和环境各不相同，在发展智慧旅游时应当综合考虑区域现状，根据当地需求制定发展战略。

（5）加紧功能转换，实现转型升级

在发展初期，智慧旅游主要服务于旅游行业，随着技术的进步、应用的普及、功能的增强，智慧旅游将逐渐由服务旅游转变为服务社会，其主要表现如下。服务对象的扩大，由服务旅游者、旅游企业和旅游管理部门向服务社会大众转变；服务范围的拓展，由智慧酒店、智慧餐饮、智慧交通等逐步扩展到智慧社区、智慧教育、智慧医疗等；服务功能的完善，由旅游功能逐步向休闲功能、信息功能、文化功能和传播功能等一体化转变。智慧旅游体系功能的转换，将会实现其服务对象、范围和内容的转型升级。

智慧旅游不仅是现代科学技术在旅游业的具体应用，同时也是一种专业能力。这种能力首先体现在服务旅游行业发展上，通过智慧旅游，转变旅游业的发展方式，提升其发展质量。由于旅游业具有综合性，智慧旅游在发展的同时，必然向服务社会转变，并且，随着技术的更新、社会的进步和经济的发展，智慧旅游服务社会的能力将会进一步得到加强和体现。当前，智慧旅游发展主要服务于旅游业，但其仍然具有服务社会的功能和路径。只有加强政策引导，加快技术研发，加深资源整合，加大投入力度，加紧功能转化，才能使得智慧旅游既能促进旅游业发展，又能服务于社会进步，在实现旅游业可持续发展的同时，实现智慧旅游社会效益的最大化。

第二章 智慧旅游的行业发展

第一节 智慧景区

一、"互联网+旅游"对景区空间规划的影响机制

（一）互联网+"时代旅游业发展的变革及趋势

"互联网+旅游"概念的提出为传统旅游业的发展开辟了新途径，传统景区则面临着向"智慧景区"转型升级的重要机遇期。景区发展变革受思潮引领，互联网思维与传统旅游思维的碰撞势必引起景区空间规划的又一次变革。

1. 互联网思维

作为一种新的媒介方式，互联网改变了信息的传递模式和传播速度，也改变了商业模式甚至空间形态。与此同时，这种信息传播模式和商业组织模式也在深深改变人们的思维方式。目前，越来越多的企业媒体人开始侧重于以互联网为工具的创新。通过互联网思维，让一些原本看似天方夜谭的需求成为可能，也让原本可以满足的需求在实现的质量和速度上得到升级。在互联网创新高速发展的今天，此种创新手法不失为一条有效抢占市场的良策，于是"创新型企业"如雨后春笋般在各行各业涌现。

究竟何为"互联网思维"？互联网思维的特征可以总结如下：用户体验、产品更新和信息传播。用户体验注重研发，产品更新侧重于大数据云计算的运用，而信息传播的重点在于宣传销售。总结说来，互联网思维是将20世纪工业革命所带来的"福特制"，即规模经济在依托信息技术和其他高科技基础上的知识经济中复活了。但与"福特制"规模经济不同的是，互联网思维及互联网技术可以完美实现规模经济难以做到的"个性化定制服务",正是因为有了互联网技术,实现了搜寻成本大大降低,个性制定可以通过互联网技术的应用实现有效的分类和聚集,进而实现规模化生产,有效降低成本,实现工业经济时代无法企及的成本领先。通过互联网实现规模经济从而达到成本领先,所有人的个性化需求都可以得到覆盖,即所谓的"互联网思维"。

2. 旅游思维

我国旅游业的发展势头正劲,公众对旅游及互联网的热潮日益高涨,但相较于互联网思维,"旅游思维"对于大众来说完全是一个陌生的概念。概括来说,旅游思维是一种创新与整合,如何对各类旅游资源进行整合与创新,是对旅游业如何发展进行的一种思考。旅游思维的具体特征主要有以下几点。

第一,旅游需要强调参与感。小米创始人雷军曾说:"小米销售的是参与感,这才是小米秘密背后真正的秘密。"所谓参与感,20世纪60年代,美国建立数座儿童博物馆,正因为其摆脱了传统印象中单纯的陈列式的博物馆,创造性地融入带有互动参与性的各种主题活动,因此深受儿童及家长的喜爱,孩子们在这里不仅可以玩得尽兴,还可以学到有关科学、文化、历史、艺术等各方面的知识,正所谓寓教于乐,使用户的参与感发挥到了极致,真正做到了"身临其境",因此得以经过数次经济时代变迁而顽强地存活。

第二,旅游思维崇尚"小是美好的"的理念。这也是旅游的发展趋势之一,未来旅游的发展必然会走更多小众路线,而此处所谓的"小众",并不是单纯指少数人去冷门地区游玩的含义,而是更多地注重旅游过程中的互动模式,必须凸显出其独特的用户体验,也就是说,在未来,旅游和度假的概念将逐渐模糊。

3. 互联网对旅游思维的影响

旅游业与传统商业的交易具有明显的不同点,旅游业并不需要输送产品到世界各地去,绝大多数旅游产品具有不可转移性。旅游产品不同于一般物质产品,可以运输并在交换后发生所有权的转移,消费者购买旅游产品,得到的并不是旅游资源的所有权，而只是去感受和经历的权利。旅游产品的不可转移性也说明了旅游产品的信息传播速度越快、效率越高，对游客的旅游需求刺激就越大，它的价值也就更容易实现。互联网发展为全球信息传递与沟通创造了一个极为广阔的平台，也为旅游市场的发展提供了一个新的契机。互联网的种种天然特性正好也是旅游发展所需要的，所以旅游思维对互联网思维的作用之大便不言而喻。互联网思维改变了旅游业原有的运作模式，提高了旅游服务产品的交易效率，降低了交易过程中的成本，传递了旅游信息资源，更加深入地刺激了该领域的竞争。

为了适应互联网思维带来的变化，旅游景区在未来的发展过程中必须做到资源整合优化，运用新技术、新管理理念和新的运作方式为游客提供更多的"大众化的小众服务"的旅游体验，才能谋求可持续发展，即景区的"智慧化"建设阶段，势必以重视满足游客的个性制定等个性化需求为基本原则，走创新、协同发展之路。

（二）"互联网+"时代特征对空间的影响

1. "互联网+"时代的空间特征

互联网是开放、平等、交互、个性的，它以去中心化、扁平化和自组织的特性，解构并重构着社会结构，创造新的组织方式和组织形态。一是社会体系扁平化，在互联网世界里人人都是平等的；二是在这个时代里每个个体的表达都会形成非常强大的自下而上的力量，形成了一个大互联时代。正如农业技术与小生产对应，工业技术与大生产对应一样，信息技术对应的是大规模的定制，"互联网+"意味着一种新的经济与社会形态，"跨界融合，连接一切"是"互联网+"的时代特征，与工业时代相比，人类因互联网实现了充分、即时的彼此连接、相互影响，让传统社会组织呈现出自组织、扁平、多元和碎片化的趋势，以无所不在的形式，以爆炸式的力量将地球上的人与人、人与物、物与物进行连接和互动，改变了人类活动的组织结构与运行方式，重新定义了时空关系，城市空间也随之发生着变化。

2."互联网+"对空间的影响

（1）空间组织多元，区位因素影响降低

"互联网+"时代是以信息技术的广泛应用为基础的。信息技术弱化了空间相互作用与距离之间的关系，因此工业时代的地理学规律——"集聚—扩散过程遵循随空间距离扩大而递减的规律"在信息时代的适用性有所下降。信息技术使空间结构发展呈现出集聚与扩散并存的态势，经济社会活动日益依赖于信息网络，在很大程度上削减了距离的障碍，区位的影响力被削弱，传统空间发展格局被打破并形成多中心网络化的发展格局。与此同时，信息技术对于空间组织的影响，并不仅仅在于分散了空间活动，更在于支撑了中心区的聚集与高强度开发。

（2）功能复合兼容，公共空间成为要点

"互联网+"以"连接一切"的形态实现了技术、场景、参与者的即时联系网络，"互联网+"表示的含义为互联网可以与一切行业发生关系，诸如旅游这类与居民生活联系密切的行业将受到较大影响。

首先，随着区位影响因素地位的降低，功能区选址问题所受影响条件减少，原本对自然资源拥有较强依附关系的业态功能区便拥有了更多的选择余地，各地区之间的联系加强，孤立发展的态势将被打破，区域间的协同发展成为可能。

其次，休闲空间、居住空间与就业空间兼容。随着居家办公、远程服务和电子商务的普及，以及城市基础设施和公共服务设施网络的智能化连接，供需方可以很好地解决信息不对称的问题，生产功能和流通功能的兼容化也将越来越突出，休闲、娱乐、生活及工作的场所边界和空间概念变得更加模糊，功能空间更多地转化为相互依赖与融合发展的关系。

最后，公共空间将成为空间体系中的关键节点。通过互联网使人们离开网络、回归生活，人们以社会交流为目的聚拢在一起，是智慧化空间的真正应用。公共空间的重要性不仅在于它的实体特征形态在空间形态中的作用，还在于它使人们在空间的体验过程中产生特定的感知和记忆，正是这些记忆的集合形成了空间的整体意象，使人能与空间产生超越物质环境的深层次联系，并进一步成为文化和精神价值的承载物。因此，在"互联网+"时代，尽管生活、生产的空间已模糊，但以体验为空间特性的公共空间的重要性将不断加强，它将成为装载文化、体验交往需求的容器。

3. 注重人本思想，丰富完善空间内涵

"互联网+"时代的到来，为促进个性化定制、公众参与带来了新的机遇，促使空间的塑造尊重人本身的活动需求。公众参与及个性诉求的表达突破了时空的限定和依赖，通过互联网进行扁平化、裂变式的传播，并以建设服务于多方的信息共享及知识交换的共享参与平台为新的趋势，空间发展有了更多来自民间的力量，影响了城市空间的构成。互联网时代信息的自主、参与的自主化及创造的自主化推进，改变了公众的参与意识，也改变了社会力量、政府力量和规划师群体的组织、交互及博弈方式。

"互联网+"时代，依托微信群、公众号、微博、豆瓣和知乎等在线社区，社会自组织力量大幅提升，众包、众筹及众创等小规模自组织形式的活动大量涌现。参与的形式从主动参与变成无须意识的被动参与，城市空间的引导更基于对人本身行为及其交互规律的理解。IC卡刷卡记录、GPS轨迹、手机信令、带位置的微博和照片数据等被称为"数字脚印"的大数据，使规划师可以对人类的行为进行大规模、客观、连续及实时的感知、观测和计算，这种手段在一定程度上替代了以往以收集资料为目的的调查类公众参与方式，体现了"感知即参与"。

（三）"互联网+旅游"影响下景区空间的演变

传统景区空间以主要旅游资源及路线为依托形成线性结构单元，现实旅游活动进行过程中人流、物流等"物质流"皆按照既定的路线往返流动，构成传统意义下的动态平衡状态。在智慧化环境当中，由于新兴的"虚拟旅游资源"的开发而形成的信息流、资金流等非物质形态的"虚拟流"具有很强的渗透作用，可实现对物质空间的突破，与"物质流"形成互补关系，在双方的共同作用下逐渐向周边扩散,将更多旅游路线融入原线性和单元结构中,共同组合成网络化的空间结构,而"网络"中的各个节点则构成若干的单元组团,具有一定功能。至此,以互联网及智慧管理系统为基础的虚拟体系逐渐从景区空间体系中分化出来,形成全新的空间形态,景区空间逐渐划分为物理与虚拟两类,物理空间的发展在传统旅游景区的空间模式基础上结合互联网思维特征有所变化,虚拟空间则以一种平等地位正式比肩物理空间,共同构成完整的智慧景区空间体系。

1. 景区物理空间的演变

景区物理空间的发展演变基于原有的空间结构,受旅游活动参与者需求的变革而呈现出空间形态的演化,具体体现为结构的灵活化、景点的分散化、功能的复合化几方面。结构的灵活化体现在随着景区可挖掘资源的不断深入,种类的不断增加,体验形式的不断变化,相较于传统景区中功能单一的住宿、餐饮等环节皆可演化出多种主题的体验类型,使以往仅可作为主景区配套服务功能的区域"升级"为景区旅游吸引物之一,地位的提升亦可使其对应的空间布局的灵活性逐渐增强,不再受制于主景区的"服务半径"制约。如特色民宿体验、特色餐饮体验、乡土农事体验等功能的深入开发使其相应空间的布局具有更大的自主灵活性。

景点分散化体现在景区内旅游吸引物的种类多元、地点随意的发展趋势,景区逐渐摆脱了以往"山区只看山,滨海只看海"的单一旅游吸引物的发展模式,而朝着吸引物多而散的方向发展。随着公众猎奇心态和"小众化"观念的逐渐增强,体验层次不断升级,追求意境的感知等精神层面的体验成为主流。一草一木一世界,一池一藻一华年,精神境界的追求对环境的要求并非十分苛刻,氛围塑造得当,随处皆可为景点。

功能复合化体现在景区功能的多元发展。借助互联网时代物流、信息流快速、高效、高度发达的发展背景为依托,旅游活动参与者对景区内功能的需求亦不断推陈出新,这意味着景区功能必然朝着多元复合化的方向发展。在传统观光旅游功能的基础上，旅游景区逐渐融入休闲养生、康养居住、商务办公、创意创作、科学研发等多种功能形式。昔日的"到此一游"型观光景点，如今更像是可供"短期居住""养生栖居""产居结合""创科空间"的风景秀丽之场所。

2. 景区虚拟空间的分化

随着新一代信息技术在旅游景区中运用范围的逐渐扩大、技术的日渐成熟，单纯的景区信息化建设已经难以满足景区的发展需求。从最初的景区信息管理系统、门户网站到逐步建立起的综合服务平台等，各单一体系逐渐发展成日趋完善的虚拟系统，旅游参与者在景区中的活动亦不再局限于物理空间，虚拟场所的活动日趋频繁且呈现爆发式增长，虚拟空间的发展逐渐从物理空间中分化出来，单独形成相对完善的体系。

移动终端的普及及无线网络的大面域覆盖为旅游活动虚拟化提供了"硬件支持"；而旅游活动参与者在虚拟系统中的活动"场所"及活动内容的设计，更需要进行与常规物理空间中同等地位的规划设计工作，提供"软件支持"。虚拟空间的发展主要呈现网络化、个性化、互动化特征。网络化体现为信息全域的覆盖，信息接收者可接收到无层级、均等化的信息咨询；个性化体现为旅游活动参与者可在虚拟空间中体验到符合自身特殊爱好的行为活动，即虚拟空间中的活动为游客"量身定制"；互动化体现为虚拟空间中所策划的活动与物理空间中的现实场景形成对接，虚实互动、互为补充。

二、智慧景区空间规划策略构建

在当前智慧旅游占据旅游业发展主潮流的趋势下，我国传统旅游景区遇到了发展瓶颈。传统资源导向型和市场导向型的景区规划模式存在一定程度的局限性，最集中突出的问题在于对旅游市场和旅游资源的理解较为片面，挖掘得不够深入，导致资源的粗放式开发及环境的破坏，从而在景区后期发展中逐渐降低了市场竞争力。与此同时，互联网因子为景区带来区位影响因子、游览体验方式、生产生活方式、所需空间形态的巨大变革，推动着旅游功能的提升和互联网功能的拓展，使景区未来形成两大核心发展动力，即以推出特色智慧旅游体验为主的游览空间的升级，发掘融合了互联网技术的创新创业功能，实现空间形式的嬗变、传统与现代的融合、旅游和创意的碰撞，助力旅游业和互联网产业的深度融合协同发展。

（一）智慧景区空间的规划思路——立足刚需，产业升级

智慧景区空间的规划必须紧扣当前市场的需求与未来产业的发展趋势，即旅游用户群体对旅游功能提升的基本要求及景区未来发展寻求产业多元化的夙愿。旅游功能提升方面，由传统观光型景区向智慧化深度体验型、主题化精神文化型、无景点化全域探索型升级。把塑造多元旅游体验、提供个性需求作为旅游功能升级的根本目标，对其空间进行规划设计时须遵循一系列合理的原则，通过对规划区的旅游资源和市场需求进行详细调查分析，挖掘当地资源中具有体验性价值的部分，借助智慧化手段实现深度开发。功能拓展方面，重点聚焦景区拓展的商务办公、会议会展、智慧应用、创新创业等类型空间的建设，以多元产业协同发展为长远目标，在空间规划设计时需满足一定基本条件，对规划区的产业发展状况及发展前景作出评估和预测再合理有序地进行。于此，在两类主要建设目标的指引下，景区空间为承载多样化需求亦应呈现多元发展状态，网络虚拟空间的不断发展正在不断丰富空间形态类型及功能，未来景区空间的发展应呈现物理空间与虚拟空间齐头并进的态势。

1. 规划前提——开发理念更迭，旅游资源深度挖掘

打造多种类、多层次的丰富旅游体验，改变景点为中心的设计理念，实现"无景点"式体验空间网状覆盖是智慧旅游最为核心的内容之所在。旅游体验的丰富决定了对旅游资源的评价不能再以旅游观光价值作为唯一的衡量标准。为游客提供高质量、多种类的旅游体验的前提是建立在对基础资源价值深入性评价的基础上的，了解资源对游客构成体验的价值所在。深入认识资源价值，从体验的角度进行旅游规划设计和开发是规划的前提条件。

2. 规划背景——区位观念打破，区域空间结构改变

在景区规划设计中对空间处理包括三方面。首先，传统景区注重区位因素的重要性，功能空间设置均以区位优先为重点参考，智慧景区得益于互联网作用，区位因素的影响作用大大降低，因此景区选址应打破传统的"景观优先""圈地造景"的束缚，让旅游地成为更为开放、自由的旅游空间；其次，传统旅游景区的关注点往往集中于景区内的各个片区，景区功能设置根据景点分布划分片区，旅游活动也局限于"片式"的活动范围内，从提供多元体验的角度来出发，可提供特别体验内容的地方皆可作为旅游活动涉及的空间，因此规划的目的也从打造观光景点转变为营造网络化、分散化的整体氛围；最后，传统旅游景区对外围拓展区域较少有所涉及，利用景区外围空间发展延伸产业，丰富景区功能业态格局，打破传统景区单纯依靠门票等消费收入的局面，塑造以创新创意产业为主导的新兴外围产业区，体现智慧景区复合功能、网络化发展、线上线下互动的特征特色。

3. 设计载体——突破传统体系，构建多元活动空间

解析互联网时代思维模式及空间组织逻辑，构建合理的物理空间体系，搭建智慧旅游服务平台，完善便捷的虚拟空间体系，形成"虚拟"对"物理"的线上与线下融合互动的综合性景区空间系统，是智慧景区空间升级的代表性特征。旅游活动的种类、新鲜程度决定了旅游体验质量的高低。跳出单一物理空间形式的局限，向虚拟旅游空间方向转变，借助高科技设备增强体验度，将虚拟游览过程转变为真实度极高的体验过程，满足旅游者多样化、个性化的旅游需求，为景区注入活力。

4. 理念精髓——满足个性需求，提供自主旅游选择

互联网时代的到来给个人活动提供了更多的选择，使得个体的个性得以更全面地彰显。自主性、个性化旅游体验设计和营造应当贯穿整个景区旅游活动的方式、内容和组织中。将传统的依靠景点为吸引物转变为将满足游客个性化需求的旅游体验为吸引物，使游客获得高质量的旅游体验，这正是顺应了休闲时代旅游

者的旅游需求。

5. 拓展延伸——丰富业态形式，建设复合众创空间

在全球化的城市网络时代，未来空间体系将由传统的单中心、规模等级的金字塔结构向多中心、扁平化的网络结构转变。

互联网为景区所处地区带来生产生活方式的巨大变革，规划应充分发挥"互联网+旅游"的融合催化效应，在服务提升、产品拓展和商业模式创新等方面进行全方位的融合创新。

推进旅游商业运营模式创新，通过运用旅游大数据，探索新的旅游商业模式，搭建开放式平台，支持"互联网+旅游"的商业应用。引导传统特色工业与文化旅游和互联网融合发展。生产生活方式的变化，使得空间组织逻辑也已经出现创新人才追逐宜居环境，创新产业追随创新人才布局的转变，因此其空间组织模式亦呈现出网络化、去中心化的特征。在互联网平台的支持下，不同专业化的生产和服务环节在空间上呈现分散化布局。在此背景下，空间营造更应加注重良好的生态环境、宜人的空间尺度、高品质的文化休闲设施和丰富多样的公共交往空间，促进创新人群交流，激发创新活力。

（二）智慧景区空间规划原则——尊重传统，拥抱科技

1. 以资源市场为指引原则

资源与市场互相依存，资源因市场需求而改变，同时市场又因资源的独特性而更具发展潜力。旅游资源通常以自然资源、人文资源等为主导的可利用因素，包括地形地貌、历史建筑景观、特色物质文化、特色非物质文化、生产生活形态、创新业态集群等。在对旅游市场的需求进行筛选后，将这些要素加以遴选和组合，进而设计成各种具有主题特色的旅游活动体验产品。旅游市场对所需旅游行为活动具有指引性作用，具体包括旅游过程中的参与性、娱乐性、知识性、归属性、解脱性等体验活动。

2. 以精神文化为主旨原则

文化的融合与挖掘，是景区规划开发的灵魂。在充满历史厚重感的场所探寻具有趣味性的故事，是文化与旅游相结合的最高境界。对于文化而言，旅游是其商业化、活化的最佳载体；而对旅游而言，文化是其产业升级、提升游客体验的核心路径。文化在景区的渗透，不但要充分尊重传统，更要寻求面向未来、面向智慧化社会的多元需求，这才是景区规划开发所要突破的关键。

作为景区文化的最佳展现方式，文化主题的策划便成为未来景区吸引游客的重要手段之一，是景区增强体验感的有效途径和灵魂基调，具有特色、个性化的文化主题能充分调动起游客视觉、听觉、触觉等多种感官，使之产生前所未有又难以忘怀的深刻的情感体验。

3. 以活动策划为核心原则

文化体验式旅游最为核心的内容为通过设置极具参与性的活动，使游客得以全身心参与到旅游活动中，增强游客对旅游吸引物的感知和理解，从而在旅游活动中得到更丰富的知识、美感和情感交流。游客在游览过程中，清除脑中的杂念，暂时忘却日常琐事，运用感觉和知觉等使自己沉迷于眼前的景物和活动中，从而获得深度的旅游体验。以此为原则，要求景区能从宏观至细微、从环境氛围到具体服务配套，从建筑到景观等各个环节都能够以一条清晰明确的主线贯串起来，向游客展示景区的环境氛围、文化氛围。主体性的线索中，辅以视觉、听觉、嗅觉、味觉和触觉等多层面的体验设计，多角度、立体式地为游客营造整体、统一的美好感受，形成难以忘怀的记忆。

4. 以传承原真为根本原则

景区规划要尽量保持旅游资源的原始性和真实性，包含自然及文化的真实性。规划开发过程中不仅要保持大自然的原始韵味，还应当注意保护和传承当地特色传统文化，避免设计的内容对当地文化造成破坏性的负面影响，避免文化侵吞现象出现。旅游基础设施应当与当地的自然和文化特征相协调，能够让游客借助智慧化基础设施在景区所创造的环境中品味最纯真的旅游吸引物的内涵。

5. 以智慧应用为蹊径原则

规划引导传统特色产业与互联网融合发展，为景区复合化发展拓展途径，开发传统+现代的智慧型产业形态。对具有文化特色、对环境和景区风貌无不良影响及现状具有一定发展基础的特色传统资源，采取融合或注入文化创意、旅游体验和互联网基因的方法，实现由低附加值的生产环节向高附加值的"研发设计—销售"的转变；通过生产技术升级，提升研发和自主创新能力，建设自主品牌；对与景区特色相矛盾、对环境和风貌存在影响及现状发展情况较差的产业，予以腾退置换，并在原有空间植入文化旅游、会议会展和创新创业等多元新型复合功能。

（三）智慧景区空间布局模式——物理组团分散，虚拟网络互联

1. 景区空间布局的影响因素

影响景区空间布局的因素主要分为技术因子以及需求因子两类。

技术因子：互联网的存在为高效信息、物流传递提供的实现的支撑，打破了传统空间距离上的阻隔与行业之间的隔阂，为产业与功能的多元复合提供契机。

需求因子：秉承以人为本、低影响开发的原则，空间布局应以参与者及环境需求作为重要参考因素之一。参与者需求按人群种类划分，大致可分为三类：景区管理者、游客、创业者。管理者寻求更为高效、便捷的管理模式；游客要求个性特色、方便快捷、内涵丰富的游览体验；创业者寻找更具个性、更能激发创新创意灵感的产业高地。环境需求为景区开发要以低影响为硬性宗旨，大面积的破坏式开发建设只能不断降低景区的影响力。以上两点为影响布局的主要需求因子。

2. 景区空间布局逻辑思路

互联网时代的空间布局与组织逻辑呈现出布局灵活、功能复合的状态。空间组织模式亦呈现出网络化、去中心化的特征。同时景区逐年呈现出以"无景点"的网络状、休闲旅游的发展趋势，因此未来智慧景区内层游览、食宿、综合服务等功能应以组团的网络式布局为宜，外围拓展延伸产业呈现不同专业化的生产和服务环节在空间上呈现分散化的布局特征。此外，互联网时代游客及创新人群呈现休闲工作化、工作休闲化特征，创新空间、休闲空间和宜居空间融为一体，高度复合化布局，高端创新型功能与面向人的需求的功能高度耦合。景区空间营造更加注重良好的生态环境、宜人的空间尺度、高品质的文化休闲设施和丰富多样的公共交往空间，促进创新人群交流，激发创新活力。

3. "虚实融合"的景区空间布局模式

结合上述影响因子及布局思路和智慧城市建设模式的优势，可推测出未来智慧景区空间应满足物理空间、网络虚拟空间两个层面的需求。从而使设计顺应时代发展，顺应景区建设需求，与时俱进，运用智慧化手段对空间进行优化和升级。得益于信息技术的飞速发展，以互联网平台为依托的虚拟空间日渐壮大，现已成为可与我们赖以生存的物理空间等量齐观的"看不见"却又现实存在的空间形态。并且在不断发展的过程中，二者并不是相对而立的，而是二者之间的界限越来越模糊，呈现融合趋势。据此笔者对未来智慧景区空间发展提出"虚实融合"的空间布局模式。

物理空间应塑造为为旅游活动参与者提供多样活动方式（主题文化策划、多元体验活动、产业功能升级等）的物理活动场所，空间呈组团式布局，由若干空间单元组成，单元间由便捷交通网、信息网互联，并有植被缓冲带隔离；虚拟空间应构建为为旅游活动参与者提供虚拟活动形式（虚拟服务管理、虚拟互动体验、连接功能空间等）的虚拟网络体系，空间呈网络式布局，由若干网络线路构成扁平的"网状"空间，网内部分地区设置信息节点。

"虚实融合"的概念为将物理空间内的实体场所与虚拟网络空间中的虚拟场所相互融合，互为补充、互相渗透，物理空间散点组团式布局由网络虚拟空间负责关联，此为满足日益多元化的旅游体验需求的最佳解决途径之一，同时也是未来空间模式发展的必然趋势。

第二节 智慧酒店

一、大数据时代智慧酒店管理的探索与实践

(一)大数据技术与智慧酒店管理的相关概述

1. 大数据技术

大数据技术是互联网技术与信息技术不断深入发展的过程中所应运而生的先进技术,是基于计算机等设备对数据进行获取、分析、处理、传输、管理的数据集合。相较于传统的数据处理技术而言,大数据技术具有显著的数据容量大、容纳性强、信息传输快、应用价值效用高等优势,其整体功能效用远优于传统数据软件。基于此,大数据技术在推动智慧酒店管理建设时可以进一步实现对大数据流量的快速处理和应用,从而以此作为促进行业转型和发展的重要契机、工具与途径。

2. 智慧酒店管理

基于数字化、网络化技术,实现酒店管理与服务信息化是智慧酒店管理模式的核心内容。智慧酒店管理模式是互联网时代背景下,为进一步满足市场与社会发展需求而产生的一种新型的酒店管理模式,对传统酒店行业形成剧烈冲击的同时,也对酒店管理专业提出了全新的挑战。

智慧酒店管理宗旨为满足客户的个性化需求,同时智慧酒店管理还具有突出的针对性、舒适性、灵活性等服务原则。智慧酒店实际经营中根据大数据信息为客户制定专属的服务方案,客户也可以依据喜好自主选择临街、靠近出口或中心等客房位置,满足自身的个性化需求。但由于客户的个性化需求大相径庭,因此,在保证酒店个性化需求的同时,还应在智慧酒店构建时符合整体性原则,保证酒店的整体功能与性质。综合而言,智慧酒店管理模式则是将整体性原则与客房舒适性与灵活性原则相结合,对酒店潜在的信息、功能、性质、内涵"去其糟粕,取其精华",从而使酒店既具有人文关怀又具有较高的实用性、既具有高端化风格又

具有个性化特点。

（1）智慧酒店管理结构分析

智慧化管理过程中主要涉及六个结构层次，分别为智慧酒店管理、智慧酒店管理理论、动态智慧酒店管理、资源层、能力层、职能层。各个结构之间紧密结合、互相支撑。

（2）智慧酒店管理功能分析

建筑基础设施与服务管理系统为当前智慧酒店管理功能的主要构成，以安防系统与智慧酒店管理平台系统功能为例进行分析。

智慧酒店在实际经营管理中基于智慧经营理念与大数据技术构建了十分严密的安防系统，通过智慧酒店管理平台可以对安防系统进行调整升级。

除此之外，智慧酒店管理功能上还实现了EPR系统（企业资源计划）、CRM系统（客户关系管理系统）构建，不仅可以利用EPR实现酒店固定资产和人力资源管理，还能够借助CRM实现客户投诉、客户满意度调查、客户个人信息档案建立和管理。EPR系统、CRM系统实现了对酒店所有资源的智能化监管。

3. 大数据的产生与应用意义

随着互联网技术的迅猛发展，移动设备的使用愈发广泛，各种应用软件也日益多元化，因此，用户出行前会基于移动设备在不同软件间进行信息浏览，而这些浏览痕迹就是大数据，通过大数据分析、整理则可以了解用户的个性化需求。

大数据的产生具有一定的应用意义，有利于智慧酒店分辨出新老客户。首先，有利于酒店为新顾客制定专属服务方案，酒店可以根据用户大数据了解顾客的喜好，依据顾客在线上平台中的留言，分析顾客的实际需求，预设客人的入住方案，进而为首次入住的顾客提供个性化服务；其次，有利于酒店为老顾客提供满足切实需求的服务，顾客入住酒店后也会产生一系列消费信息，这些数据信息便于酒店分析顾客的消费趋势、消费偏好，为顾客提供有针对性的专项入住服务与房间。

4. 大数据技术在智慧酒店中的应用

一是人脸识别技术。该技术在酒店业的应用推广成效表明，智慧前台服务终端能够加速酒店的自助化、智能化、信息化发展。智慧前台服务终端可以瞬间减少预订和入住登记的时间，只需根据提示进行操作即可快速办理，无须停留，且自动发放和回收房卡、自动打印票据和凭条，十分轻松便捷，而在此现状下的酒店管理人员可以不用专注在单一的工作岗位上，可以根据顾客需求提供不同岗位的服务，不仅可以切实提高工作人员的综合能力，还能够激发其工作热情，保持良好的工作态度，从而实现智慧酒店全方面自主服务。

二是智能停车技术。随着我国汽车保有量持续上升，私家车数量直线递增，汽车成为人们出行的主要工具。在此背景下，酒店停车场的服务方式优化升级成为必然趋势，智慧酒店需要考虑到客户的停车需求，打造智能停车服务。随着智慧酒店发展的不断深入，智能停车服务已经逐渐普及，其中5G通信技术与人工智能技术在停车管理中的应用构建形成了网络云平台系统，也是目前智慧酒店主要的智能停车服务方式，相较于以往的传统停车服务，网络云平台系统的切实运用能够更加便于车主实时了解停车信息以及通过AI高位视频技术提高停车效率，同时还便于停车管理。

三是人工智能技术。随着人工智能技术的不断深入发展，智慧酒店在人工智能方面的应用更为突出，人工智能是进行信息计算、检索以及推理的现代化科学技术，人工智能的应用需要建立在已有的数据库上，在数据库庞大的数据信息支撑下满足智慧酒店的不同需求。人工智能够学习与模仿人类思维，从而基于人类思维逻辑模式解决问题。在现阶段，人工智能主要采用分析性、人类启发性与人性化智能化技术，智慧酒店在人工智能方面的建设可以进一步提升酒店的服务品质。

（二）大数据应用在智慧酒店管理的现状分析

1. 在思想上对智慧酒店管理的认知不足

智慧酒店管理模式起步较慢，行业内缺少可借鉴的优秀经验，致使部分酒店管理人员仅能靠自我摸索前进,从而在思想上对在智慧酒店管理的认知不足,具体表现在酒店管理人员思想觉悟不高,导致从大数据中获取到的客户信息资源以及相关信息的有效性难以认证,致使智慧酒店拥有庞大的数据库,但实际有效的信息内容较少。

2. 在智慧酒店建设上缺乏科学规划

随着旅游业快速发展,酒店在旅游业实现的良好发展态势下也具有广阔的发展前景,促使各种类型的酒店层出不穷,在激烈的市场竞争中,如何保障酒店健康可持续发展尤为重要。智慧酒店是新时期所应运而生的一种新的经营管理模式,在诸多类型的酒店中具有较高的竞争优势,但现阶段,智慧酒店在建设方面依然存在规划不合理的情况。例如,在酒店建设前期没有针对大数据、人工智能技术和软硬件进行设计和规划,导致在市场竞争中处于劣势,在后期被动地对软硬件实施改造的过程中;往往需要投入更多的时间和成本,从而使经营陷入困境。再如,部分酒店在智慧酒店建设中没有对市场和客户需求进行调研,或者对人工智能技术和大数据技术缺乏了解,在建设中盲目投入大量资本研发应用程序、购买硬件设施,却在经营中发现提供的应用软件或硬件不符合客户需求,造成资金、设施和信息资源的浪费,从而影响酒店的未来经营与市场开拓。

3. 大数据与智慧酒店的融合存在不足

当前,部分酒店管理者在智慧酒店的打造过程中认为大数据仅是互联网时代的一个外在表现形式,认为智慧化酒店模式就是高端化与智能化,完全忽视了智慧化酒店的个性化特征,也缺少利用大数据挖掘潜藏顾客需求的认知,从而导致大数据与智慧酒店的融合存在显著的不足。

(三)智慧酒店管理应用大数据技术的策略及思路

1. 做好智能化服务,提升智慧酒店的管理效率

酒店依据智慧管理模式可以实现线上+线下的服务,第一,实行网上预约和接单服务、设置网络客服处理客户订单;第二,酒店通过开发线上智能软件平台提升智慧酒店的管理效率,客人可以基于线上智能软件平台浏览酒店评价,咨询房

间类型、房间价格等信息，对各地区不同的酒店进行筛选；第三，客人还能够自助登记入住、选择房间、自助退房、打印账单；第四，智慧酒店应设有智能控制系统，能够智能调控客房内的所有联网终端；第五，智慧酒店还应设置智能监控系统，为保障客人人身安全，智能监控系统能够对酒店存在的一些安全隐患进行实时监督，并具备智能化消防控制系统；第六，酒店还应在后续发展建设中设置全自动化的公共服务设备，如智能电梯系统、智能导航系统、智能可视对讲系统、智能停车场管理系统等。

2. 加强酒店与网络平台之间的合作，提升整体服务质量

通过酒店与网络平台之间的有效合作，一是能够使酒店基于网络平台收集大量客户信息，了解客户实际需求；二是客户能够直接在网络平台上完成自主办理入住、退房等行为，节约客户时间，提高入住效率；三是客户退房后，能够在网络平台上留下入住体验与评价，便于酒店掌握客户反馈，进而优化智慧酒店服务功能和服务体系，从而能够为客户提供优质服务，以此提升酒店形象。

此外，相较于传统的酒店服务模式，完全依靠自有设施来开展服务而言，基于大数据技术下的智慧酒店，能够在了解客户实际需求及喜好的同时，借助外部资源为客户提供个性化服务，例如，通过与其他服务方合作，为客户提供接送、导游、送餐等服务，能够有效提升客户体验。

3. 强化智能化的应用，为酒店优化管理提供思路

在未来智慧酒店发展中应基于大数据优势从设计、管理、交互三个层面进行优化完善。首先是设计变革，基于大数据技术挖掘客户喜好，从而满足顾客的个性化需求，为其提供个性化的套餐服务。其次是管理变革，当下智慧酒店管理应以现代化技术为支撑，实现酒店人力资源、固定资产资源、客房资源的管理等，能够对资源进行有效调度与管控，从而提高酒店管理质量和智慧管理成效，切实保障酒店的经济效益，还应提供智能电梯、智能停车场、智能餐厅等硬件设施服务，进一步推动酒店的智能化发展。最后是交互变革，当下的交互方式为酒店与客户之间的交互，交互方式过于单一，在未来的智慧酒店发展中，应推动交互方式向

多元化方向转变，实现酒店、客户、酒店供应商、第三方服务商之间的多点交互，从而延伸服务功能，满足客户"一条龙"服务的需求。除此之外，地方旅游行政管理部门还应提高对智慧酒店发展的重视和支持，有效形成智慧城市、智慧旅游、智慧酒店协同发展格局。

二、基于顾客需求的智慧酒店服务体系构建

在国家政策支持及科技飞速发展的时代背景下，新一轮产业变革正深化发展，推动产业朝着高质量、智能化、数字化方向演进。2021年1月，工业和信息化部印发了《工业互联网创新发展行动计划（2021—2023年）》，强调应采取系列措施加快工业互联网基础设施建设；同年3月，《中华人民共和国国民经济和社会发展第十四个五年规划和2035年远景目标纲要》明确提出了依托人工智能技术推动经济发展。这为社会经济发展注入了新动能，深刻改变着人们的生活方式。智慧酒店作为人工智能深化发展背景下的产物，是传统酒店转型的风向标，在新的时代背景下，数字化、智慧化、个性化将成为智慧酒店发展的新引擎，依托数字技术开展面向顾客需求的智慧服务，将成为智慧酒店创新转型的关键所在。

（一）基于顾客需求的智慧酒店服务内容及特点

1. 基于顾客需求的智慧酒店服务内容

智慧酒店是数字技术加持下的产物，其在传统酒店服务功能的基础上，增添了智慧化的服务特色，能够为顾客提供智能门禁、智能取电、交互视频、电脑网络、信息查看等多项服务内容，极大满足了顾客不断升级的酒店服务诉求。智慧酒店服务内容主要包含如下几个方面。一是酒店的智慧预订。消费者可以利用官网、App客户端、微信小程序等手段了解酒店信息并在线预订，从而提升酒店的预订效率。二是酒店的入住及退房。智慧酒店可以通过人脸识别系统、证件识别系统等为顾客办理入住及退房服务，自助完成房型选择、押金缴纳及退款，从而强化顾客的体验。三是智慧停车。智慧停车服务可以充分运用电子找车系统、计时系统、智能卡等帮助顾客找到满意车位，还可通过在线信息服务的方式接受顾客的停车预订，以此提升整体的服务效率。四是智慧信息服务。智慧酒店信息服务

包括旅游信息在线咨询、客房智慧语音服务系统设计、酒店智慧导航服务等。比如在智慧语音服务方面，顾客通过语音指令就可以完成自动烧水、打开窗帘、设置空调，让顾客切身感受到科技的力量。

2. 基于顾客需求的智慧酒店服务特点

从整体来看，面向顾客需求的智慧酒店服务体系具有智慧化、个性化、舒适化的特点。首先，智慧化是智慧酒店的基本特征。依托人工智能、数字化技术，智慧酒店的功能更加智能化、便捷化。其次，个性化是智慧酒店的核心特征。随着顾客消费的不断升级，智慧酒店的个性化功能也越来越多，这是满足顾客多层次消费需求的必然所在。最后，舒适化是智慧酒店的本质特征。智慧酒店服务的本质是提升顾客的舒适度，使之享受由科技发展带来的愉悦的身心体验。随着智慧酒店理念及功能的不断完善，消费者的舒适体验感会逐渐提升，智慧酒店的舒适化特点必将更加突出。

（二）基于顾客需求的智慧酒店服务体系建设的意义及问题

1. 智慧酒店服务体系建设的意义

智慧酒店服务体系的建设是消费升级、科技进步、酒店转型等多方面要素共同驱动的结果。在数字化时代背景下，开展面向消费者的智慧酒店服务具有无比重要的意义。

（1）智慧酒店服务体系的建设有效满足了新生代消费者的多元化需求

新生代通常指1995~2009年出生的群体，其具备较高的消费能力，且不畏权威、与众不同，追求自我价值的实现，是数字化时代拉动消费的主力军。因此，积极进行智慧酒店服务体系的建设，有助于满足新生代消费者的多元化需求。法国巴黎的 Murano Resot 智慧酒店就在这方面进行了完美演绎，其基于顾客需求进行功能设计，通过智能指纹锁系统确保了顾客的安全、便捷诉求；同时还设计床头灯光控制器，顾客可以结合自身喜好、学习、生活习惯等选择不同的灯光情景模式，从而感受多元化的酒店服务。

（2）智慧酒店服务体系的建设是消费升级和技术赋能的双重结果

智慧酒店服务的开展是当下消费升级和技术赋能的必然结果。目前社会经济不断发展，数字技术日新月异，催生了多样化的智慧酒店服务功能。国外先进国家的智慧酒店的建设也印证了这一点。比如，日本的东京半岛酒店着力打造以消费者为核心、以"浪漫、魅力、时尚"为主题的智慧服务。通过20多名工程师的研发，顾客只需借助"无处不在"的按钮就可以获取天气、湿度、穿衣建议等信息，同时智能电话接听系统也极大方便了顾客的通信需求。

2. 基于顾客需求的智慧酒店服务体系建设存在的问题

基于顾客需求的智慧酒店服务体系的建设对于酒店的发展起到了积极的促进作用。但是与发达国家相比，目前我国的智慧酒店的服务水平还不高，主要存在以下4个方面的问题。

（1）技术支持的不足阻碍了科技平台的建设

目前，酒店先进技术渗透不足，导致科技平台建设落后。比如，停车场管理粗放化严重，车辆管理系统尽管体现出了智能化特征，但是在具体实操及运用环节效率低下；顾客信息采集系统风险较多，信息泄露问题时有发生；传感器技术、人工智能技术介入不足，导致客房管理安全性、智能化水平不足，难以从根本上提升顾客的满意度。

（2）顾客关怀的缺失弱化了智慧酒店的黏性

一方面，由于酒店智能化手段落后，导致其对于顾客信息收集不足，难以针对顾客的偏好开展个性化产品及服务的推广；另一方面，酒店在顾客的服务管理、运营方面，依然强调"产品标准化"的原则，相对缺少个性叫醒等定制服务，难以满足顾客的个性化服务需求。

（3）基础设施的短板降低了酒店的服务水平

基础设施的短板十分突出，成为当下很多酒店智能化建设过程中难以回避的问题。由于大部分酒店的资金能力有限，难以承受技术迭代带来的巨额成本，因此其智慧化酒店基础设施的建设进程缓慢。同时，由于信息服务能力有限，无法形成一体化的信息服务平台，进一步削弱了酒店的智慧服务能力。

（4）跨界融合的不足影响了酒店的建设效果

智慧酒店的建设需要与其他周边产业展开密切合作，形成新产品、新服务，从而提升顾客的满意度。但是从目前来看，酒店智慧服务依然拘囿于传统的人工服务范畴，其服务内容也只是在形式上作出了转变，并未与旅游业、演出业、家纺业、健康行业等相关产业展开合作，难以实现服务内容的突破与升级。

（三）数字化时代基于顾客需求的智慧酒店服务体系构建策略

1. 强化科技赋能，打造舒适安全的酒店环境

科技是智慧酒店服务体系构建的基础，是完善智慧服务功能的保证，因此必须强化科技赋能，进而打造舒适安全的酒店环境。首先，发挥大数据优势进行顾客信息采集及整合。运用大数据进行客源市场分析，通过用户画像的方式把握顾客的消费特点、消费习惯、消费偏好等，从而精准地优化自身服务，提升顾客满意度。同时，要善于运用eID（电子身份证标识）技术进行顾客信息存储及保护，避免顾客信息泄露等问题的出现。其次，借力物联网构筑智慧酒店空间。可以将智能嵌入技术、传感器技术、纳米技术等引入智慧酒店服务体系中，以提升酒店的服务质量。最后，借助人工智能技术提升酒店的服务质量。比如酒店可在走廊、大厅等位置安装机器人管家，顾客通过智能导航完成入住、信息咨询、用餐导航等，从而延伸了智慧酒店的服务质量。

2. 立足顾客需求，提供多元化的智慧服务

以顾客为核心，立足顾客需求，提供个性化和定制化的服务，这是智慧酒店服务体系建设的出发点和落脚点。首先，积极通过用户画像开展营销工作。对现有的用户信息进行整合，针对不同收入群体的顾客开展差异化服务。比如对于高收入群体，可以为之提供定制化服务；对于中等收入群体，可通过互联网KOL（关键意见领袖）进行推荐，使之在感受智慧酒店内部景观的基础上，产生连带宣传效果；对于一般收入群体而言，则要做好基础服务，强化顾客的情感认同度。其次，开展个性化的智慧酒店服务。智慧酒店的智能性不仅体现在功能上，更多的

还体现在与顾客交互的情感体验上,因此要立足顾客需要为之展开个性化服务,以提升用户黏性。一方面,要对顾客的需求进行精准细分。针对不同层次的顾客为之推荐个性化的产品及服务搭配。另一方面,从细节处入手,优化服务内容。不仅要满足顾客的基础物质需求,同时还应关注其情绪的变化,以此真正确保酒店服务的"智慧化"。最后,开展智慧酒店的定制化服务。丰富定制服务种类,让顾客在酒店获得快乐的消费体验,比如提供语音叫醒服务,推荐交通路线,定制欢迎词,真正彰显智慧酒店服务的品质和温度。

3. 完善基础设施建设,延伸酒店管理效能

智慧酒店服务的开展需要以完善的基础设施为支撑。为进一步延伸酒店的管理效能,必须从以下几个维度展开。首先,以科技赋能,加快基础设施智慧化升级。全面实现停车场管理智慧化,加快智能车辆管理系统研发,加强车辆智慧管理,维护良好的酒店管理秩序;提升客房智慧化管理水平,无须刷卡即可到达客房,避免走错楼层走错房号问题的出现;加快客人身份识别智能系统研发,强化顾客身份智能识别,减少人工识别身份造成失误等现象的出现。其次,加快信息化基础设施建设,打造"智慧建筑",营造舒适安全的酒店环境。充分利用互联网智能家居、物联网、人工智能等技术,推动酒店设备的智能升级,构建自动化的办公系统及通信网络系统。比如顾客可以自助完成在线选房、自助前台、行李寄送、智能客控、入住和退房自助办理等,从而实现真正意义上的智慧管理。最后,打造一体化信息服务平台,实现"互动云营销+自主云服务+智能云管理+无人值守+物联平台"的联动发展,对顾客信息进行全面捕捉并及时作出响应。

4. 加快产业融合,拓展酒店服务内容

首先,实现智慧营销,提升获客能力。酒店可以与旅游服务商展开合作,通过开发体验网站、新媒体营销等模式,迅速掌握顾客需求,确保酒店营销活动的智慧化发展。借助于大数据匹配、内容植入、全场景营销、地理位置服务等模式,实现酒店匹配传播,吸引更多的受众群体。其次,拓展服务形式,通过跨产业合作的方式展开服务。大力推进"智慧酒店+共享办公"这一模式,在酒店会议室配置智能会议设备，为具有远程会议需求的人士提供服务，这不仅可以强化顾客的消费体验，同时还能够有效地提高酒店的经济效益。最后，强强联合，开展跨界合作。智慧酒店可以与家纺企业、健身器具企业等展开合作，开发创新性的产品，以此有效延伸智慧酒店服务体系的覆盖面。比如，智慧酒店与家纺企业合作，开发智能深睡卧室系统，为客户提供智能寝具、情景助眠等服务，提升顾客睡眠质量；还可以打造酒店专属的智能睡眠枕、自清洁床单等产品提升顾客对酒店服务的满意度。

与传统酒店相比，智慧酒店突出的优势在于拥有专业化的智能信息系统，因而能够带给顾客全方位的新奇体验。在数字化背景下，面向顾客开展的智慧酒店服务有助于提升顾客的忠诚度与认同度，推动智慧酒店运营管理效率的提升，从而更好地迎合顾客的消费诉求。

三、智慧酒店客房管控系统

（一）物联网系统中的有线与无线网络通信

对于所有的物联网系统来说，网络传输技术都是至关重要的。一般的物联网系统网络通信主要分为两部分：智能系统和远程服务器间的网络传输技术；物联网系统感知层间的通信技术。智慧酒店客房管控系统由于涉及远程、移动App控制客房管控系统，通过以太网实现客房管控系统和后台服务器之间的数据交互，智慧酒店客房管控系统自身，主控器和其他模块实现智能控制则采用工业控制总线和ZigBee（紫蜂协议）无线通信技术。其中主控器和智能门锁的通信采用ZigBee无线通信技术，主控器和其余模块的通信通过EIA-485总线实现。

对于智慧酒店客房管控系统来说，网络架构最大的特点就是集中化，一家酒店虽然有上百间客房，即上百个物联网节点，但所有的系统均先通过局域网技术连接到每家店的本地服务器，由该服务器统一管控后，再将数据传输到远程云端服务器，局域网通常采用TCP/IP网络技术。采用TCP/IP网络技术，使得客房智能家居管理系统能够以最低的成本实现对智能系统的监控和操控。在每间客房，主控器和其他节点的通信采用了工业总线通信和无线通信技术，主控器负责收集和下发所有信息到房间节点(电动窗帘、智能门锁、电视机、智能灯等设备)。

由于智能门锁和主控器之间的通信采用无线通信技术,对比诸多无线通信技术,ZigBee 无线通信因功耗低、成本低、数据传输稳定、组网方便等特点,最终被多数酒店选择。在一家酒店的客房里,主控器可以通过工业现场总线和其他模块进行数据通信,通过 ZigBee 无线技术与智能门锁进行数据交互,后期还可以通过该无线技术扩展到与其他新增加的设备进行通信。

(二)智慧酒店客房管控系统设计

1. 酒店智能家居系统相关概念

智能家居系统又称智慧住宅,国际上的英文名称为 smart home。智能家居的提出已经有几十年的时间,伴随物联网技术的飞速发展,该系统近几年才成为我国科技创新行业的一个风口,被许多投资公司所追捧。顾名思义,智能家居控制系统就是将常规家庭的许多设备,通过物联网技术连接起来,形成一套基于家庭控制的智能系统。在这套系统中,受控的设备有智能窗帘、智能家庭影院、智能灯光控制系统、智能门锁、安防设备及智能家电等。

智能家居从行业特性上分为智慧楼宇、智慧社区、智慧城市及智慧酒店控制系统。智慧酒店客房管控系统,又称为酒店智能化控制系统,主要功能是通过物联网技术,将客房所有家用电器、门锁、窗帘等设备全部集成在一个数据网络上实现控制,该系统可直接和酒店 PMS(工程生产管理系统)管理系统对接,通过 PMS 系统可以监控和控制房间的所有智能设备。

2. 酒店智能家居系统设计

智慧酒店客房管控系统要求客房内的电视机、空调、电动窗帘、智能门锁、灯饰等所有家电,可以通过一个智能触控面板实现所有控制,每个房间的智能系统需通过以太网技术连接酒店服务器。同时,每个客房的智能控制系统均支持微信小程序、手机 App 实现远程控制,手机可通过 App 实现远程打开门锁、打开或关闭窗帘、打开或关闭空调等。

智慧酒店客房管控系统主要包括:主控器、床头触控面板、空调触控面板、门铃触控面板、人体红外感应器、智能灯光驱动器、智能门锁、智能窗帘和强电控制器。整套系统，通过 EIA-485 总线或 ZigBee 无线技术通信实现互联。

智慧酒店客房管控系统，在房间内，可通过智能床头触控面板发起控制指令，主控器收到指令后控制房间相关设备执行相应的动作。空调面板发送相应命令给主控器，主控器控制智能红外感应器发送对应红外码，控制空调执行相应命令。主控器和服务器的连接通过以太网接口，通信协议为 HTTP（超文本传输协议），语音机器人和手机 App 的接口也一样，具体实现过程如下。

A 接收 B 发送的控制指令，根据指令信息控制相应设备。一个房间可能会有几个 B 设备，每个 B 设备的地址不一样，A 接收到其他 B 设备发送的命令后，并将该命令同步广播至所有 B 设备。

A 接收 C 设备发送的命令，根据命令控制 E，让 E 控制空调进入设定的状态。A 接收 D 设备发送的命令，控制叮咚门铃的响起，并将 E 采集到的房间是否有人的信息显示给 D，同时将 B 的特殊状态进行显示。

E 采集房间内是否有人，并将该信息发送 A，A 将该信息反馈给 D 设备，A 根据该信息执行相应的模式切换。

A 采集 B 或手机 App 发送的信息，控制 F 的开与关。

A 采集手机 App 的信息，控制 G 是否打开，并将 G 的状态发送给服务器。

A 根据 B 发送的控制模式、手机 App 发送的模式或智能模式，控制 H 的灯光的开启、开多少值或关闭语音机器人和服务器、A 设备及手机，通过以太网技术、5G 网络技术和 Wi-Fi 连接，语音机器人将控制命令发送给服务器，由服务器将信息下发给 A 设备，A 设备控制其他节点执行相应动作。

由于一般酒店最少会有 80~200 个房间，如果让每个房间的主控器却直连服务器，对服务器的资源消耗会很大，因此需要在每个酒店做局域网服务器，和外面服务器的对接都通过该局域网服务器完成。

服务器的成本主要取决于访问点的多少，以一家有 200 间客房的酒店来说，如果每间房的客控系统通过 TCP/IP 技术，直接常连接在云端总服务器上，会导致总服务器容量起码要支持超过220个以上节点同时访问。如果采用一个局域网服务器,每家店的客房管控系统先通过局域网连接到局域网服务器,再由该局域网服务器通过TCP/IP技术访问云端总服务器,则有效降低了云端总服务器的处理压力。

3. 智能模式切换

迎宾模式:客房处于复位状态下,当客人刷卡打开门锁,一旦进入房间时,纱帘关闭,灯光一次亮起,智能音响开始播放推送的音乐。

复位模式:当客房控制系统收到前台发送的退房信息后,自动断掉插座电,关闭空调和灯光控制系统,并将窗帘、纱帘打开。

客户模式:当房间内有人操作客控系统,红外人体感应上报有人活动时,客控系统进入客户模式,客房系统由住客控制。

节能模式:当人体感应器半小时以上检测到没有人活动时,进入节能模式,卫生间内部状态保持之前的状态,直到两小时后,人体感应器仍然检测不到有人活动时,系统进入休眠模式。

4. 智能门锁和控制箱主控器进行无线组网

智能门锁作为智慧酒店客控系统的重要组成部分,除了实现传统酒店的电子锁功能外,还支持手机微信、App等远程开锁功能,同时还作为各种模式切换的重要检测装置。因此,智能门锁需要和客控系统进行数据对接,综合各种因素,智能门锁和系统的连接选择无线ZigBee技术。

智能门锁和客控系统通信前,首先需要让两者进行网络对接,对接后的网络是唯一的,否则会出现门锁信息串到隔壁的客房管控系统的现象。门锁和智能客房管控系统的对码过程如下:控制系统通过空调控制器发起组网命令,在门锁端刷组网卡,然后手动连续压3次锁的外把手,门锁和客控系统进入组网模式,一旦组网成功,空调控制器会显示相应提示。组网后的客控系统,便可实现远程开锁的功能,当门锁端的状态发生变化时,会及时将该信息上报至客控系统,再由客房管控系统将信息上报至服务器。

(三)系统模块化设计

1. 模块化设计的基本思路

经过和多家酒店品牌的合作,笔者总结了该行业的一种规律,即每家酒店的智能控制系统功能基本一致,主要区别在于房间的大小。是房间的大小最终导致客控系统的配置有所差异。人体感应器、门铃面板、床头控制器和空调控制器,均为独立的个体,需要扩展时极为方便,但主控器、强电控制器和LED(发光二极管)电源控制器均放在控制柜,之前为了节省空间,3块板卡设计在一起,该设计导致系统不方便扩展。为解决该问题,笔者控制柜内部几块板卡均采用模块化设计,一旦房型发生变化,只需对应更改设备的数量。

2. 模块化设计的具体方案

每套智慧酒店客控系统标配1块主控器、2块LED调光模块、2块强电控制器、1块门铃触控面板、1块空调控制器、2块床头控制器,那可满足绝大多数房间的需求。针对特殊户型、其他酒店客房,只需根据需求,增加或减少LED电源控制模块和强电控制模块的数量,不同种类的模块都有属于自己的ID地址,同一种类模块也有不同的MAC地址(媒体存取控制地址),现场调试人员只需根据实际需求,配置适合数量的模块,并确保每个模块地址不能重复即可。

第三节 智慧旅行社

一、智慧旅行社系统

(一)智慧旅行社内涵及特征

1. 智慧旅行社内涵

对智慧旅行社内涵的界定,并未达成共识,各家有各家之言,但是在智慧旅行社的界定上也并无太大差别,主要集中在强调信息技术的应用。

对于智慧旅行社的研究尚处于起步阶段,相关研究成果不多,因而智慧旅行社的定义还没有达成一致，但是从上述概念表述中不难看出，智慧旅行社的定义存在以下几种问题：一是主体表述不清。智慧旅行社只是旅行社在现有及以后某段时间内发展所处的一个阶段，是在原有旅行社基础上增加某些功能或者渠道而已，不能称之为格局也不能称之为新型旅行社。二是主次颠倒。智慧旅行社的创建离不开信息技术的应用，但是智慧旅行社的核心并不在于强调信息技术的重要性，而在于在运用信息技术的基础上能够更好地以上下游客户和游客为中心，为其提供更加及时有效的信息和便捷、个性化的服务。

2. 智慧旅行社的特征

（1）"以人为本"的理念

就旅行社内部而言，"以人为本"主要体现在对人力资源的管理中。在企业日常管理中，以"以人为本"的理念为出发点和中心的指导思想，使企业拥有良好的人文环境。

就旅行社对客户而言，"以人为本"主要强调的是旅行社以客户需求为重要的价值导向，进行产品开发、服务提供等企业行为，通过信息技术等手段提升客户了解旅游信息、预订旅游产品、体验旅游产品的满意度。作为中介商，旅行社的本质职能就是在游客游前、游中、游后能够提供全面及时的旅游信息和高品质的旅游服务。如果旅行社在进行智慧化创建的过程中，仅仅偏重于技术的提升，而忽略掉智慧旅行社建设的核心——实现游客对旅游信息获取的便捷性和利用的感知度，不能帮助游客节省时间并提供清晰、明了、高质量的旅游指导和服务，也就失去了竞争优势，这将会导致游客不选择旅行社而是直接与景区等供应商进行交易。

（2）个性化服务

智慧旅行社在信息技术建设完备的基础上，应当做好线上、线下服务。在旅行社提供旅游产品的过程中，应抱着"服务至上"的态度，为客户提供高品质的游前、游中、游后服务。除了做好游前、游中服务，也应当做好售后服务，巩固和扩大客源，以争取每位游客的再次光临。

在如今客户需求多元化的时代，在提供高品质服务的基础上，应当重视为客户提供个性化服务。个性化定制服务不仅可以满足客户对旅游线路、酒店、交通方式等的个性化需求，也可以满足其对导游、客服等的私人定制方案，从而提高游客对旅游的个性化体验，因而个性化服务是旅行社智慧与否的标志之一。旅行社网站几乎都有私人定制专栏，为游客提供不一样的旅游产品，以满足日益多元化的游客需求。智慧旅行社最重要的是让游客有一个完美的体验，这涉及游程前、游程中和游程后的方方面面。例如在旅游过程中，能否给游客带来美好体验的关键在导游。现在导游的游客信任度较差。未来，可以建立金牌导游数据库，可以让大学教授在内的一流人才兼职导游，根据优质优价的原则，市场配置导游资源，这样，无论是导游队伍质量还是游客满意度，都会大幅提升。这些创新和改制，都可以依据"大数据"理论和实践来实现。再如，现如今各旅行社推出的"小团定制"服务，便是个性化服务的明智之举，之所以要做小团定制，是因为在散客化的时代，旅游产品的价格已经不是影响大多数游客选择的第一要素，游客开始越来越注重品质，大众化的旅游产品逐渐被游客抛弃，旅行社在自驾游、自助游、电商的冲击下要想不被边缘化，只有凭借实力，创造丰富、层次分明的产品才能吸引更多的游客。

（3）可达性强

可达性简单地说，是指从一个地方到另一个地方的容易程度，对于智慧旅行社而言，可达性强，并不在于地理位置上的可达性，而是客户的"服务需求"与"服务获得"之间的容易程度，简而言之，就是客户能否从多渠道获取需求信息。客户的服务需求已经不再禁锢于旅行社的宣传页上，也不再局限于广告牌上的宣传，客户的需求多种多样，因而要让客户尽快获得所需的信息与服务，不仅要完善官方网站的旅游信息，还要抓住客户的网络习惯，增加多渠道的服务方式。现如今，客户喜欢用微信、微博等社交平台，智慧旅行社应当抓住客户这种习惯，开发社交服务平台，为客户提供便捷的服务，并且，旅行社也应当加强搜索引擎营销，增强其可达性。

(4)信息同步、及时更新

智慧旅行社能够为客户提供准确、及时、有价值的信息内容，做到这点就必须在技术网络平台上对信息进行同步与及时更新。依靠技术支撑建立的信息平台要为客户提供便捷服务，除了大规模的平台建设，重要的是信息的及时更新与信息同步，能够让客户通过网站、新媒体、呼叫中心系统或者门店咨询等途径获得同样的新信息，达到线上、线下融合的目的。

很多旅行社官网、新媒体的信息都以月为单位进行小面积的调整，信息不及时更新，技术平台形如虚设，投入大量资金但是并没有好好利用，进而旅行社认为有了前期大量投资却没有得到好的回报，因而将技术平台束之高阁，久而久之则更是达到无人问津的地步。这样的行为方式不在少数，因而旅行社应当物尽其用，充分利用好的平台对客户提供高品质的服务。

(5)产品创新

服务和产品是打造智慧旅行社的重中之重，因此应当注重产品创新与及时更新，这不仅是适应时代的要求，也是为客户提供良好服务所必不可少的步骤。

在传统旅行社受到在线旅行社（OTA）的冲击时，传统旅行社应发挥自己的优势，开发创新出更吸引客户的旅游产品。安徽某旅行社将短途旅游的旅游要素拆分开来，为客户提供单订优惠酒店、优惠景区门票、优惠交通工具等业务，给游客更多DIY的乐趣。在国内长途旅游和出境旅游方面，该旅行社为游客提供包机直飞、大型专列等一站式的全面服务，合肥直飞泰国、合肥直飞韩国、合肥直飞长滩岛等包机直飞业务省去了游客的周转时间，备受游客青睐。日本一家旅行社为那些无法亲自旅游的人推出一项特殊服务——让他们的毛绒玩具替他们去旅行，客户和自己心爱的毛绒玩具分开三周，可定时收到它们在旅行途中的照片和视频。美国一家旅行社推出一项极限露营游，花费650英镑（约5 960元）就可以参与美国肯特山冒险中心（Kent Mountain Adventure Center）推出的极限露营游，在悬崖上安营扎寨过夜一晚。上述三家旅行社均是开发创新旅游产品从而吸引游客，为游客提供非同寻常的旅游体验。

从某旅行社官网首页中可以看出，设有"游学""主题线路""全球购"等内容版块，以满足细分市场——游学者、主题旅游爱好者、购物爱好者的需求，体现了该旅行社跟随游客的需求动向及时推出产品的创新举措，该创新之举必将引领旅行社行业产品的创新热潮。该旅行社与上述三家旅行社采取的措施虽然有所不同，但是足见旅行社为游客提供贴心服务产品的用心。

（6）技术创新与应用

技术创新包含两层含义：一是智慧旅行社的技术创新，其动力来源于政策、需求和技术三个层面，政府政策支持技术创新，旅游行业需求需要技术创新，技术演变推动技术创新，三个层面促进智慧旅行社的技术创新；二是智慧旅行社的技术应用，不仅可以降低运营成本，使服务、管理、营销不再受时间和空间的限制，也能够实现旅行社的规模化运营。这是智慧旅行社技术创新的精髓之所在。

旅行社技术平台建设完成后，技术应当及时更新，以免造成资源浪费。如果有新的技术上市，应当根据自己企业的需要进行及时的技术更新。除了新技术的应用，成熟技术在旅游行业的应用也应受到推崇。如2015年4月，中国国际旅行社总社所属国旅在线B2B系统正式启用电子合同功能。电子合同的上线，标志着国旅总社在中国旅行社业内首家推出最权威、最安全的电子合同签约标准，是行业中率先实践CA认证（电子认证）技术的应用典范。

（7）办公自动化

办公自动化是将现代化办公和计算机网络功能结合起来的一种新型的办公方式，是旅行社内部人员日常工作、运营和管理的办公方式。智慧旅行社的办公系统不再是纸张与纸张之间的对接与交流，而应该是网络的交流，在信息技术的支撑上，实现办公自动化，使企业内各环节的交流实现电子化的快捷运作模式。

（8）资源整合

智慧旅行社不仅仅是与客户的交流，还应该与智慧旅游城市平台相连接，受到智慧旅游城市的营销与监管，并在此平台上实现与其他旅行社的资源互动与融合。资源整合还体现在其他许多方面，如跨业整合、异业合作等。例如与金融业进行跨界资源整合,从而达到互惠互利的双赢格局,而该种合作是旅行社跨界合作的重要途径。如在凯撒旅游网中,参团和自由行的所有的产品都可以通过分期付款的方式(中国银行和凯撒旅游集团的合作)来结款,并且其付款均没有利息和手续费。从2013年8月起,凯撒旅游与浦发银行进行商业模式创新合作,凯撒旅游与浦发银行合作推出旅游签证资料代收业务后,游客报名旅游产品,不需要往来旅行社门店、银行数次,才能完成报名、递送签证材料、开具银行证明等多项业务,浦发银行遍布北京市的近40家网点也可像凯撒旅游门店一样收取签证资料、旅游团费,办理个人外币兑换、旅行支票、境外购物退税等业务,游客可在浦发银行网点享受出境旅游的一站式服务。

(二)智慧旅行社系统构成

智慧旅行社建立在旅行社信息化的基础之,并通过融入新的信息技术,从而提升旅行社的信息化水平和服务质量,是旅行社信息化的新阶段和未来的发展方向。智慧旅行社是一个动态的建立过程,能够随着信息技术的融合而得到长足的发展。其具体建设应依据一定的系统规范操作,该系统构成包含感知层和应用层。在信息技术平台、网络技术平台的数据收集的基础上,将其应用在智慧服务、营销、管理等层面,从而为客户创造更大的价值。

根据《北京智慧旅行社建设规范(试行)》等资料,可将智慧旅行社分为业务智慧化、管理智慧化和新技术应用三个方面。其中,业务智慧化和管理智慧化是对智慧旅行社的基本要求,新技术应用是对智慧旅行社的成长性要求。

因此,根据智慧旅行社的业务板块和对上下游供应商的要求,以及游客、导游等智能化服务和管理,可将智慧旅行社系统分为客户交流平台、企业信息管理服务平台、行业数据信息存储平台三大部分。

二、智慧旅行社建设体系

(一)旅行社智慧服务

1. 旅游信息服务

(1)智慧旅行社网站服务

智慧旅行社网站的建设内容更加完善、人性化、智能化，网站功能的实用性也更加贴近用户。智慧旅行社官网与其他网络（如企业的官网、其他旅游网等）的连接较为完善，实现网络间的信息互通，便于浏览网页的客户能够快速找到其他相关的网络信息；在网站语言方面，旅行社还有待进一步发展，游客主体多样化驱使各网站应当尽可能地丰富语言设置；关于旅游信息方面，旅游攻略、旅游资讯（主要指旅游行业资讯）、人气推荐、出行服务（包括天气查询等）等服务板块以游客的需求为导向；为满足游客对信息和社区互动的需求，智慧旅行社还设置互动专区，除了与旅行社互动，智慧旅行社还有游客互动专区，为游客之间的交流提供便捷，其表现形式多样如会员俱乐部、论坛等；旅游卡（如中青旅互通卡、凯撒旅游的旅游卡、春秋商旅通卡）主要是为了方便游客查询旅游信息、在与旅行社合作的商家消费有何优惠等，旅游卡的出现提高了智慧旅行社的智慧程度。

（2）智慧旅行社新媒体服务平台

旅行社除了开发网站对客服务，还通过开设新媒体的途径为用户提供服务。游客可以通过 App、网店、微信、微博等新媒体获得与门店订购一样的产品实时信息及服务，包括产品报价、线路行程安排、在线预订、行程提醒等。

2. 跨业合作服务

跨业合作是指处于不同产业的企业因为某种业务而开展合作。传统旅行社与金融业处于不同的行业，因而两者之间的合作为跨业合作。旅行社的跨业合作行业主要是以金融业的银行服务为主，其他行业的跨业合作则相对较少。其中，以银行业务为主的金融业合作已使旅行社在此方面取得较高的客户评价。当然，当旅行社和金融业进行跨业合作时，会有跨业营销效应，但是跨业合作过程中，服务带来的效果更强，因而对于跨业合作只讨论跨业合作服务。

3. 形式多样的附加服务

智慧旅行社在提供旅游信息服务、跨业合作服务等服务之外，还会提供一些其他附加服务，如 Wi-Fi 服务、语言服务、体验店服务等以增加客户的旅游质感与满意度。附加服务形式多样，各旅行社不尽相同，这里以引领该项服务潮流的凯撒旅行社为例来说明。

（1）境外 Wi-Fi 服务

在人们愈发习惯使用移动化信息的今天，不管是旅行时拍照、发朋友圈，还是和国内的亲朋好友联系，都需要随时随地能使用的移动通信。当境外实时通信、境外移动 Wi-Fi 等已经成为游玩时不可缺少的元素时，它就拥有极大的市场发掘潜力。虽然，境外移动 Wi-Fi 还未形成一个完整的市场，但是，智慧旅行社在为游客提供"境外移动 Wi-Fi"服务上做出了有益的尝试。

（2）语言服务

对于出境旅游，语言服务的重要性不言而喻。因而，在出境旅游如此火热的今天，智慧旅行社为游客提供语言服务是其体现高品质服务的重要举措。

在2014年5月29日的第三届中国（北京）国际服务贸易交易会上，全球语言服务领先供应商中译语通与国内领先的出境旅游服务商凯撒旅游签署战略合作协议，双方首次开启旅游和翻译业界的跨界合作，共同推广境内外多元化的语言服务。双方在市场联合推广和"译云 TM"下属的应用平台上，达成多方合作，期望联手为旅游行业用户奉上全新的服务体验，让全球用户顺畅沟通、随心走天下。中国对外翻译出版有限公司总经理介绍："此次合作的达成，将可以为游客在交通服务、酒店入住、突发事件应对等多种情境下提供语言帮助。"

（3）体验店服务

体验店一般是以展示最新技术或产品、服务为主，不定期地联合一些合作伙伴举办专题活动，鼓励观众积极置身其中，参与互动。通过鼓励观众的参观与参与，与消费者建立有效的沟通渠道，收集顾客的意见，以便改进产品和服务。同时，通过消费者体验从而实现有效的体验营销。用"体验"来增强旅游的附加价值，已成为旅游业界的共识。

在当下的消费时代，能否给消费者带来愉悦的体验、全新的旅游文化体验，能否构建一种更为优质的生活方式，开始成为一个品牌的最终指向，也成为智慧旅行社向客户提供优质旅游体验的方向。

（4）网络平台保障服务

2014年5月，国家旅游局发布《旅行社产品第三方网络交易平台经营和服务要求》（LB/T 030-2014），对旅行社交易平台上的服务进行要求，主要包括以下几个方面。信息和数据服务的要求、交易服务的要求、售后服务要求和投诉处理。**信息和数据服务要求方面：**平台交易双方数据的保存时间自其最后一次登录之日起不少于3年，可查询的交易数据保存时间自交易发生之日起不少于3年。**交易服务要求方面：**明示预订注意事项，提示旅游者与旅行社签订正式的包价旅游合同。**售后服务要求方面：**应建立在线留言等交互方式，平台应根据事先的约定或承诺，解决旅游者在旅游过程中遇到的旅行社产品质量问题，平台应为旅游者提供评价旅行社产品质量及旅行社服务的渠道。**投诉处理服务要求方面：**平台应明示投诉途径和联系方法、行业主管部门的投诉电话，为旅游者提供有效的投诉处理渠道。

网络平台服务要求是国家制定的关于旅行社信息平台对游客服务的保障要求，不仅可以保障游客拥有安全、可靠、有据可循的旅游信息体验，也提高智慧旅行社的服务标准。

（二）旅行社智慧管理

旅行社的智慧管理主要是实现传统管理向智慧管理的转变。智慧旅行社管理平台包括企业内部管理体系和业务流程管理体系两大部分，前者使旅行社能够智慧管理企业内部事务，缩短办公的时间，使企业有更多精力服务客户；后者使旅行社能够智慧管理企业发生的业务流程。同样地，智慧旅行社管理平台需要保障体系的监管，以规范旅行社业务流程管理。

旅行社应与相关政府部门实现信息共享、相互协作，建立联合管理模式。例如：旅行社加入省区市的智慧旅游云计算中心等，以实现信息共享，并能使政府部门实时掌握与监控企业的发展动态。旅行社的内部管理智慧化则主要体现在办公自动化、业务流程信息化等方面，不仅使办公更加有效，也使产品策划，对游客和供应商的管理，对订单、合同、团队等方面的管理更加有效。

1. 智慧办公管理

智慧监控管理：为了更好地管理加盟商、子公司，约束加盟商、子公司的行为，应当运用智能监控系统等进行加盟店、子公司的统一有效管理，以防出现参差不齐的企业行为。现如今，大型旅行社为盈利盲目扩张，大肆进行加盟行为，因而出现了加盟商黑洞现象，使公司蒙受巨大的品牌形象损失。

智慧行政管理：应用 OA 系统，实现公文管理、请示审批、计划管理、会议管理、资源管理、行政管理、办公指南、系统设置等在线管理功能，实行无纸化、网络化办公，以缩短信息传输时间并减少运营成本。一部分中小旅行社的计算机仅用来进行文字与财务处理，很少用于旅行社的信息化管理与对外经营，结果导致信息反馈滞后，不少旅行社内部各部门之间、部门内部的产品信息、客户信息不能共享，造成重复工作、效率低下和业务成本居高不下。

智慧人力资源管理：实现完善的人力资源管理制度，建立现代企业组织架构（实现内部垂直分工），建立完善的员工考核、内审机制，实现业务系统与智慧行政、办公系统数据对接以实现自动化的绩效考核。

旅行社财务管理：应用财务管理系统，实现收款、结算、付款等在线管理，业务数据在线实时监控管理。

客户关系管理系统：CRM 系统的应用，使智慧旅行社能够运用该系统更好地管理客户资源，如记录客户的习惯、喜好、特殊需求等，进而更贴近客户的个性化需求。

2. 智慧业务流程管理

业务流程管理体系包括 B2B 资源采购系统、产品设计系统、订单管理系统和 B2C 客户控制系统等方面。

B2B 资源采购管理系统主要包括供应商管理系统、同行分销管理系统、地接管理系统等，完成旅行社对产品的采购与分销。

产品设计系统属旅行社核心业务层面，在产品设计时应注重产品的创新。

订单管理系统不仅包含（电子）订单管理系统还包括（电子）合同管理系

统等。

B2C客户控制系统包含（电子）导游领队任务单、（电子）行程单管理系统、车辆管理系统等。其中，电子行程单管理系统，可以方便快速、便捷统一地管理电子行程单。车辆管理系统除了拥有GPS定位系统、车载网络系统，还要有车辆身份识别系统，便于游客、公司、景区、酒店等快速识别车辆。

3. 智慧旅游质量管理

智慧旅游质量管理系统使旅行社受到一定的外部制约，以更大程度地规范旅游市场，保障旅行社业可持续发展与相关客户的利益。通过该系统对行程单进行电子化备案，规范旅行社的行程安排。辅助导游证、手机定位等技术手段，对旅游行程进行实时监控，保障对游客的服务质量。还把电子行程单和门票联系到一起，持市文化和旅游局备案的电子行程单才能以旅行社团队价格购买景区门票，这样可以有效杜绝黑导游现象。

三、旅行社智慧供应链模式的应用创新

互联网信息技术的深入应用强化了信息中间商的作用，改变企业的合作方式，对传统旅游供应链产生重构性影响，进而使旅游供应链的组织结构发生变化。

互联网信息技术的发展使游客多样化、个性化的需求得到满足，有利于旅游供应商的信息共享，促进了旅游供应商的横向一体化趋势。互联网信息技术的发展与应用也使得原有的旅行社供应链权力分布、网络结构、驱动机制等出现种种变化。基于互联网信息技术的旅行社智慧供应链模式变革与创新顺应了社会需求的变化，得到学界及业界的重视。

同样，互联网信息技术的快速发展，加速了旅游信息化的进程，智慧旅游成为一种新的业态。智慧旅游以提升旅游服务质量、改善旅游体验效果、创新旅游管理方法、优化旅游资源利用为目标，以云计算、互联网、物联网、智能数据挖掘、高性能信息处理等新技术为基础，对信息进行采集、挖掘、分析和整合；借助便携的终端智能设备、智能手机等设备，使游客可主动感知旅游的相关信息并及时安排和调整旅游计划。以游客"食、宿、行、游、购、娱"的个性化、智能化需求

为基本出发点,为游客提供高品质的"智慧服务",为旅游企业提供便利的"智慧商务",为政府主管部门等提供高效率的"智慧政务",进而实现旅游信息的资源共享与有效利用。

(一)旅行社智慧供应链的传统结构要素

旅行社智慧供应链是利用云计算、物联网等新技术,通过互联网、移动互联网,借助便携的终端上网设备,将旅行社资源的组织、游客的招揽和安排、旅游产品开发销售和旅游服务等旅行社各项业务及流程高度信息化、在线化和智能化,达到高效、快捷、便捷和低成本规模化运行,创造出游客满意和旅行社企业盈利的共赢格局。根据旅行社的主要业务流程,旅行社智慧供应链主要表现在旅行社产品销售、旅行社内部资源组织、评价系统等方面。旅行社智慧供应链传统结构涵盖了智慧旅游的特性,硬件要素包括基础网络(光纤接入覆盖、无线网络覆盖、用户带宽、移动电话)、物联网应用平台、云服务平台和网站平台的建立,这些硬件设施为智慧旅游旅行社提供了物质基础;软件要素包括应用云计算技术实现海量数据存储与处理、通过物联网技术实现旅行社应用的线上线下融合、通过移动通信对以散客为服务对象的新型旅游方式提供技术保障;功能要素内容包括旅行社信息管理功能、旅行社营销功能、旅行社服务功能、旅行社智慧旅游体验功能等。

(二)旅行社智慧供应链结构要素创新

1. 通用要求下的结构要素创新

硬件方面:与公安、交通、工商、卫生、质检等部门形成信息共享和协作联动,结合旅游信息数据形成旅游预测预警机制,创建信息共享与互助联动平台。

软件方面:根据旅游者的需求制定旅行规划,通过多种数据信息的整合技术,利用智能流程规划系统将多种消费者需求进行分类融合,整合分析处理,根据旅游线路、服务点数据库综合分析,制定旅行线路。

功能方面:实现旅行社基本服务的构建。

2. 质量要求下的结构要素创新

硬件方面：建立旅行社内部组织管理信息系统。

软件方面：建立仓库管理系统，根据需求设定材料采购，对物资进行智能化管理，减少资源闲置；与餐饮、景点、酒店、交通等形成合作协议，减少采购成本。同时创建质量评级机制，严格材料质量管理，及时处理过期、损坏、不达标的材料。

功能方面：保障人员、产品、安全、服务的质量要求。

3. 服务要求下的结构要素创新

硬件方面：建立评价系统，包括游客对导游人员、对旅行社的评价体系与旅行社对游客的表现评价与信用评估。在游客游览活动完成时，及时建立针对性的评价系统有助于旅行社对游客信息、对员工服务进行管理。

软件方面：通过多媒体体验分享系统，游客在旅行过程中可以随时通过视频、图片等形式分享、展示、推荐良好的旅游服务；通过售后评价系统，游客可以对导游人员的工作态度、专业能力等进行评价，对旅游企业的管理安排进行反馈，将评价与反馈信息录入个人档案库，进行核查并及时改进。

功能方面：实现协同合作，在销售上实现人文关怀。

4. 创新要求下的结构要素创新

硬件方面：建立游客信用评价系统，游客信用评价来源于两个方面，一方面是导游人员与同行人员的主观评价，在服务结束后，员工进行工作总结，对游客与自身表现情况进行反馈，查实后录入客户信用系统；另一方面来自游客信息系统的客观数据记录，依据为购买次数、购买金额、是否有违约记录等，通过信用体系的建立，合理规范旅游行为，保障游客和旅行社双方的利益。

软件方面：智慧旅行社通过 3D 虚拟现实技术增强旅行社产品的有形化销售，利用移动数字终端向游客展示虚拟旅游产品，甚至创造 3D 虚拟场景，创建旅游产品画册和二维码地图等新媒体服务。借助移动通信技术将产品、活动进行点对点的推送，实现旅游产品的针对性营销；建立用户信息库，积累游客数据和旅游产品消费数据，根据客户信息资料、购买需求、购买习惯制定个性化产品，定期针对客户进行推送。

功能方面：通过评价系统保障双方利益。实现线上消费与线下消费相结合，满足不同需求人群的需要，线上消费包括自建的官网和其他在线旅游代理商，对旅游产品进行模块化分类，根据游客需求灵活地进行产品组合、推荐与引导。

（三）旅行社智慧供应链模式之应用创新

主要包括软件应用创新和功能应用创新两个方面。

1. 软件应用创新

（1）建设旅游电子合同管理系统

旅游电子合同是以电子版的旅游合同为核心，实现旅游合同的在线填写、签署、修改、上传设备、统计分析、监督管理的安全流程，是服务旅行社、服务旅游者、服务管理的综合性平台。这种在线操作的合同签署，不仅能够控制流程，还能给游客提供新体验。

（2）建立O2O销售系统

O2O是指将线下的商务机会与互联网结合起来，让互联网成为线下交易的平台。组团社利用O2O这种线上线下一体化的销售方式，实现自身的智慧营销。

（3）建立B2B分销系统

B2B分销系统是指通过互联网将供应商与经销商有机联系起来，为企业的业务经营及与贸易伙伴的合作提供了一种全新的B2B电子商务模型。一方面，地接社搭建一个在线销售平台，实现在线产品的分销；另一方面地接社与旅游业其他行业紧密结合，不断加强与酒店、景区等的合作，实现资源共享和资源整合。

（4）完善服务质量跟踪及游客互动工程

目前地接社大都建立了游客反馈平台，最常见的就是旅行社自身的官方微博、微信等以及行程结束后的问卷调查或评价。这有利于旅行社对导游人员服务质量的管理和服务系统的完善。

2. 功能应用创新

（1）提供一站式服务

报团、跟团、出团这一系列的服务都由一家旅行社来实施。旅行社和酒店、景区达成合作，游客的出游变得更加方便，实现旅行社基本服务的构建。

（2）保障人员、产品、安全、服务的质量要求

必须保障游客的安全，这个"安全"包括身体安全、信息安全、隐私安全。例如可以给上了年纪的游客佩戴可以感受自身身体能量和热量的手腕带，当游客身体不适时可以及时进行治疗，游客和旅行社签订的旅游电子合同必须有一定的防入侵功能，使游客的个人信息得到最好的保护。

（3）具有人文情怀的销售功能

旅行社的营销策划不仅要达成自身盈利的目标，更需要从人文情怀出发，多站在游客的角度思考问题，在营销方案中应多加入一些针对老人、小孩、残疾人的内容。

综上所述，旅行社智慧供应链是一个综合应用的旅行社公共服务平台，实现了旅行社资源整合利用的集约化管理变革，承载着旅行社资源的高效利用和科学发展的理念。旅行社智慧供应链模式的创新发展，必然会推动我国旅行社行业的进步，为我国旅行社行业迈入世界先进水平奠定基础。

第三章　智慧旅游管理

第一节　智慧旅游目的地管理

基于智慧旅游的旅游目的地管理是旅游目的地管理的发展趋势。智慧旅游的目的地旅游管理将依托智慧旅游云计算平台、智慧旅游云服务平台、物联网、移动互联网等技术，实现旅游管理方式由传统旅游管理方式向现代管理方式转变，实现旅游行政服务的便捷化、旅游监测预报的准确化、旅游信息管理的完善化，推动智慧旅游技术在旅游目的地管理中的应用，最终使旅游目的地为游客提供一个更为健康、安全、舒适的旅游环境。

智慧旅游目的地管理是指将感应器嵌入和装备到各类旅游资源中，通过服务器和云计算将"物联网"整合起来，实现旅游资源和旅游信息的整合，更准确和实时地进行目的地的旅游管理。智慧旅游目的地管理可以实现旅游目的地的景点、酒店、交通等设施的物联网与互联网体系的完全连接和融合，加强旅游行政管理部门、游客、旅游企业和旅游资源与环境之间的互动，将数据整合为旅游资源的核心数据库，通过更便利的手段提供智慧的目的地旅游管理和优质服务，推动旅游目的地的整体发展。

一、智慧旅游行政服务

行政服务原名行政审批服务，是集信息与咨询、审批与收费、管理与协调、投诉与监督于一体的综合性行政服务体系。智慧旅游行政服务是指智慧旅游目的地旅游行政管理部门，通过信息化的智能办公手段，建构智慧旅游管理平台，把传统的旅游行政服务集成到平台中，实现数据信息的及时共享，提高办事效率，实现旅游行政部门的智慧化管理，发挥目的地智慧旅游行政服务的整体效力。

（一）智慧旅游行政服务职能

智慧旅游行政服务职能是目的地旅游相关政府部门的基本职能，其服务、管理对象主要是旅游企业和旅游从业者，主要承担组织、协调、监管等职责，承担预测、应对突发事件和自然灾害，排除智慧旅游发展障碍，为旅游企业搭建良好平台等工作。

旅游行政机构的服务职能主要包括旅游公共设施建设与管理、旅游保险制度建立、旅游环境保护与改善等。旅游行政机构履行服务职能的目的在于确保社会稳定，维护旅游业的发展秩序。旅游行政服务的主体主要包括各级政府的旅游管理职能机构（各级文化和旅游局及其工作人员）、政府旅游相关职能部门（涉及旅游管理业务的单位和工作人员）等。旅游行政服务的客体主要包括社会上所有为旅游者提供产品或服务的单位和个人所形成的旅游全行业以及政府旅游行政管理机关的内部事务，包括直接为旅游者提供产品和服务的旅游企业（旅游住宿业、餐饮娱乐业、旅行社业、旅游商品业和旅游交通业）、旅游信息提供和传播机构、旅游策划和咨询机构、旅游教育和卫生机构以及旅行社团组织等。

通过智慧旅游行政服务平台把上述旅游企业和旅游从业者的数据信息进行统计、搜集，将之纳入旅游行政管理部门可知、联动的范围内，实现信息的及时、有效共享，有助于解决旅游信息不对称导致的旅游市场秩序混乱的问题；有助于政府对旅游市场恶性竞争的干预；有助于提高政府部门的运行效率，减少政府官员寻租现象的发生；有助于对旅游企业进行监督，引导其进行友好持续的发展。

（二）智慧旅游行政服务体系

1. 统计旅游行业的相关静态数据

通过云平台将数据归类整理，并将相关数据进行政务公开。智慧旅游行政服务平台应将涉旅企业信息都纳入其中，并对企业注册、年检信息和其他信息进行公示，这样既能使消费者获知其所选择企业的诚信状况，又能促进企业自检、自律。

2. 采集旅游行业的相关动态数据

通过对旅游目的地、旅游人力资源系统和导游考试报名系统进行升级，将导游培训考试报名、在线授课培训等过程全部通过网络实现，既方便了导游人员，也提高了服务的效率。建设电子合同和出入境动态管理系统，使旅游管理者获知旅游企业与游客之间的服务约定，并动态掌握行业数据，最后用于分析决策。

3. 构建旅游目的地的智慧旅游大数据中心

通过数据中心的智能分析处理，使旅游企业、旅游从业人员、旅游服务行为的数据做到融合匹配，静态和动态数据交互比对，最后智能分析出旅游行政管理者需要的数据，提高相关部门的行政效率。

（三）智慧旅游行政服务优势

1. 有助于提高行政管理决策的有效性

智慧旅游行政服务依托大量数据作为支撑，为行政管理者提供较从前更为完整、丰富的数据信息，有助于行政管理者更科学、有效地进行服务管理决策。

2. 有助于提高行政效率

智慧旅游行政服务的实施，能够通过多元化的数据来源和智能化的数据处理，提升行政部门的办事效率；依托物联网、云计算、移动互联网等高新技术，行政管理人员能迅速获取信息，并针对突发事件进行应急处理。

3. 有助于针对性地推送管理信息

智慧旅游行政服务能针对不同层级、岗位的管理人员的不同需求，为各个层级的人员个性化定制、推送旅游行政管理信息。

二、智慧旅游监测预报

智慧旅游监测预报是指旅游目的地的行政部门通过信息技术，如云计算服务、数据挖掘、二维码、移动通信网络、传感器、地理信息位置服务等，对智慧旅游目的地的游客情况、旅游资源与环境等进行监测预报，并及时地将信息通过网络、信息等方式传达给游客及旅游企业，如面向游客的目的地导航、导览、信息发布等，面向景区管理者的游客流量管理、应急管理、营销等。

（一）目的地的游客情况监测

智慧旅游目的地的游客情况监测主要是指对游客数量、流动方向加强精确和动态管理，进而为完善、提升景区服务、景区安全管理提供科学依据，进行景区游览舒适度指数发布，为政府决策、应对突发情况、游客出行提供参考。

首先，通过物联网、感应识别、地理信息位置服务、手机信令监测等技术，对游客动态数据进行实时采集。整合其他部门（如交通、公安等部门）的数据对游客身份和来源进行识别、分类和分析，将分析的结果提供给旅游行政管理部门、旅游企业等相关部门用于参考和决策。

其次，通过景区门禁系统实时监测、景区景点及重要交通节点摄像头监测等方法，分析实时数据、实时图像，对游客数量进行基本描述和判断，实现对景区客流的实时动态统计分析，对游客流量进行实时监控，实时监控景区内游客量是否达到最佳承载量、最大承载量，为旅游行政管理部门掌握各个景区、交通节点人流量、客流量提供方便。这种方法有利于旅游行政管理部门及时开展游客疏散和紧急调控等应急应对措施，有利于相关管理部门及时展开灾难救助、警报导航和犯罪行为监控。

游客流量预测体系的数据构建一方面来源于对目的地历史游客数据的统计，另一方面来源于搜索引擎大数据对热门景区景点的分析预测。通过综合目的地的整体接待量、游客流量走势、天气预报、节庆节日等因素，参考旅游目的地景区门票、酒店餐饮、停车位的预订量等情况，综合分析得出预测的游客高峰流量及低谷流量。采用智能视频分析技术，检测和分析采集的视频中游客的运动方向，对不同方向的游客数量进行统计，进而对每天的游客数量进行统计。当游客数量超过景区承载量时实施预警管理，对客流进行疏导。

（二）旅游资源与环境监测

智慧旅游目的地的环境监测是指在分析目的地生态环境的条件下，使用遥感技术、地理信息系统、互联网技术等，实时监测旅游景区环境，并对相关生态指标进行测量，测定游客容量，确定目的地游客阈值容量，对旅游目的地的建设和规划起到预警作用，保障旅游区的可持续发展。智慧旅游目的地资源监测是指通过一定的信息技术手段，对旅游目的地旅游资源的分布特征、数量、质量等信息以及与之有关的数据进行采集、处理、分析和更新，实现对旅游资源的信息化、网络化综合管理。

通过智慧旅游系统的建设，建立旅游资源环境监测体系。通过 RFID、红外感应、全球定位等技术手段，对目的地的旅游资源的温度、湿度、负重程度等各个方面进行监测，将监测信息及时传送到云平台进行数据分析，采取科学有效的办法，对必要的资源进行及时维护。在重点旅游资源区域、生态敏感区附近，设置智能识别体系和预警体系，通过实时采集客流信息，在测定环境容量的基础上，对环境承载能力的负载情况进行分析，做好疏导游客、保护环境的准备。形成相对完善、科学的监测管理体系，使得旅游资源和环境得到合理的开发与保护，实现旅游业的可持续发展。

三、智慧旅游信息管理

旅游业属于信息密集型产业，但我国现阶段还存在旅游信息管理体制不完善的问题。旅游行政管理方面，存在多头管理、区域分割和监管分散的问题，旅游信息分布不均衡，旅游信息不对称，未能形成全行业覆盖的信息管理体系。这带来的后果就是旅游经营者对旅游者的需求了解不全面，管理者对旅游者的需求认知不充分，管理者对旅游经营数据掌握不准确。智慧旅游信息管理有助于解决旅游管理者、旅游经营者与旅游者之间信息沟通不畅的问题；有助于行政管理部门加强对旅游企业的管控；有助于旅游企业及时、合理地针对旅游者的需求调整旅游产品；有助于政府部门将旅游目的地的旅游产品整体打包、维护并进行网络推广营销，整体提升旅游目的地的旅游管理服务水平。

智慧旅游信息管理是指在智慧旅游云平台搜集大量旅游数据的基础上，建立旅游信息的发布平台，向社会提供便捷优质的旅游信息服务。将多个部门的信息进行分析整合，将相关旅游信息有效、集中地提供给旅游管理者、旅游者和旅游企业，为其行为决策提供参考。智慧旅游信息管理在信息提取的过程中需要重点提取符合用户需求的旅游信息，将数据转换为有用的信息，针对不同的用户需求提取出具有服务价值的信息资源。

（一）面向旅游管理者的旅游信息

智慧旅游目的地的旅游行政管理部门对旅游数据的需求强调从宏观上对资源、环境、旅游企业进行信息管理，在微观层面侧重于掌握具体的旅游行业内部的旅游景区、景点、旅行社、饭店、宾馆等的营业状况。其中，营业额、营业成本等数据可以通过与税务部门、统计部门协调，直接联网获取相关信息；行业数据可采用网上填报的方式，要求旅游企业通过网络实现数据实时上传。这种方式有助于提高旅游行政管理部门的管理效率，为其提供决策支持。

（二）面向旅游者的旅游信息

旅游者是旅游活动的主体，在旅游者进行旅游决策、参与旅游活动的过程中，旅游数据、信息一直是旅游者关注的重点。旅游者对目的地旅游信息的需求主要集中在"食""住""行""游""购""娱"六个方面，智慧旅游信息管理所提供的旅游服务数据也主要以这六要素为核心。

面向旅游者的旅游信息，应考虑到信息数据获取的便利性，采用App、手机网站等方式，将信息及时、有效、便捷地推送到旅游者的移动客户端上。例如，游客对于餐饮信息的需求主要集中在旅游目的地的特色餐饮的位置、种类、价格、联系方式及特色等信息方面；游客对于住宿信息的需求主要集中在旅游目的地的各种类型的宾馆、酒店的地理位置、设施信息、提供服务、价格等方面；游客对于交通信息的需求主要集中在旅游目的地的交通状况、停车场相关信息等方面；游客对于景区信息的需求主要集中在景区概况、基础设施、门票价格、实时游客量等方面；游客对于购物娱乐信息的需要主要集中在旅游目的地的特产、纪念品、旅游商品、休闲娱乐场所等方面。

（三）面向旅游景区的旅游信息

旅游景区是旅游者进行旅游活动的主要场所，是旅游服务重要的提供者。在旅游景区日常运营的过程中，需要对相关旅游信息进行收集、整合。旅游景区对旅游信息的需求主要表现在两个方面：一方面是面向服务的需求，如景区地形地况、导览图；另一方面是面向管理的需求，如控制景区客流量、疏导景区交通、监管景区资源环境等。

通过智慧旅游信息管理为景区提供相关旅游信息，在旅游数据整合的过程中，有针对性地提取相关的数据资料，通过专业人员制作获得景区导览信息，通过视频监控技术解决景区流量控制、景区交通疏导、环境监控等问题。旅游视频监控是指将设备监控前端设置于各景点，通过摄像机、视频编码器将前段数据进行视频/音频信号的采集和编码，进而将数据上传，对景区进行实时监控。通过对视频分析，将实时客流量反馈到景区管理部门。

第二节 智慧旅游行业的监督管理

智慧旅游是在国家经济发展的大背景下产生和发展的，在此大环境下加之其本身的新颖性，决定了智慧旅游的发展离不开政策的支持，完善的制度是智慧旅游持续快速发展的保证和重要动力。智慧旅游行业的监督管理将有助于实现传统旅游管理方式向现代管理方式的转变，通过信息技术，可以及时准确地掌握旅游行业内部各旅游企业的经营信息，实现旅游行业监管从传统的被动处理、事后管理向过程管理和实时管理转变。对于旅游行业管理部门而言，建设智慧旅游有助于掌握行业动态、强化宣传效果、强化市场监管、改善游客体验。对于文化和旅游局及管理人员,可以加强行业监管力度、提高管理工作效率。

智慧旅游行业监督管理是指目的地的政府旅游行政管理部门,将智慧旅游管理平台搜集到的数据进行分类、整合、分析,根据获得的数据分析情况,对其所辖区域内的旅游行业进行监督管理。旅游行政管理部门对辖区内的住宿业、旅行社、景点等行业的数据信息进行可视化管理,通过对数据的筛选、挖掘,及时、有效地进行旅游行业的发展分析决策。

一、智慧旅游行业监督管理的背景

(一)旅游行业信息化管理体制不完善

目前,我国很多方面存在行政管理的多头现象,造成管理混乱,相互制约,缺乏协调统一。旅游领域也是如此,多头管理和分散监管的局面,导致了信息孤岛效应,旅游信息分布不均衡,信息渠道不通畅,难以形成覆盖旅游行业全局的信息管理体系。

(二)旅游监管信息管理进程亟待加强

智慧旅游行业将发挥监管平台的作用,面向监管部门,将智慧旅游服务平台的所有数据进行分类、整理及数据挖掘,并将获得的分析数据及时反馈给旅游行政管理部门及相应的旅游企业。通过监管平台系统的建设,实现旅游管理部门对辖区内的酒店、宾馆、饭店、旅行社、景点景区、导游员及各项旅游活动信息的数据可视化管理和信息资源的快速查询,对已有数据进行筛选、挖掘,通过多维度分析满足对旅游业发展进行决策分析的要求。

(三)旅游行业监督管理模式亟须创新

智慧旅游将促进旅游管理创新。旅游行政管理部门能够通过物联网实时搜集景区的游客信息,对餐饮、饭店、商铺的经营实现动态监管,动态监控景区的生态环境、遗产文物等状况,并依靠智慧旅游辅助决策系统及时发布旅游指导信息或管理意见,有助于旅游科学化管理,保护游客权益和旅游资源。针对旅游投诉等问题,公安、工商、卫生、质检等旅游部门可以通过智慧旅游系统实现信息共享与协作，联合维护旅游市场秩序。智慧旅游还可以及时监测和预防各种突发事件，预防旅游安全事故，运用人工智能等技术提高应急管理能力。

二、智慧旅游行业监督管理的理论基础

首先，政府的基本功能是提供公共物品。由于公共物品的非排他性，私人经济部门投入多、收益低而不愿或无力生产、提供；同时，若公共物品的生产、提供形成垄断，将损害消费者的利益。因此，政府必须通过国家预算开支，担负公共物品的生产和供给的主要责任。其次，政府要扮演外部效应的消除者角色。由于外部性分为正外部性与负外部性两种，外部性的存在无法通过市场机制加以解决，因此政府理所当然地承担起这一责任。政府通过补贴或直接的公共部门的生产来推进正外部性的产生；通过直接的管制限制负外部性的产生。最后，政府要担当市场秩序的维护者。自由放任的市场竞争将导致垄断，市场机制易遭到破坏。政府通过立法来维护市场秩序，政府充当裁判员，为市场的公平竞争创造和维护必要的制度环境。

当智慧旅游处于起步发展阶段，政府行为应该积极主动地引导、规范、宣传并做规划性决策。当智慧旅游达到成熟发展阶段，政府行为就要以监督、协调等行为为主。

在智慧旅游起步与衰退阶段，各种资源配置不规范，秩序性差；当市场对智慧旅游建设关注程度较高时，即市场力量比较活跃，能够主动寻求各种机会，挖掘资源，用自身的力量投入建设，但需要政策方面的支持时，政府应该积极与市场合作，为之搭建平台，制定支持性政策和建设性规划，支持市场力量和创新力量以共建智慧旅游。当市场关注度较低或参与度较低时，市场表现为持观望态度、对智慧旅游发展前景信心不大、不理解智慧旅游建设的意义和如何建设等，政府需要发掘市场关注度或参与度不高的原因，并有针对性地采取积极引导、广泛宣传以及适当决策、制定政策等行为，招商引资、提供资金和政策支持、培养专业技术人才，以吸引市场力量，将市场力量充分调动起来。

在智慧旅游快速发展与成熟阶段，建设事业已步入正轨，资源配置有序，当市场关注度高并积极参与智慧旅游建设，市场力量活跃，且参与智慧旅游建设的市场竞争力强，建设主体多而杂时，政府一方面要监督智慧旅游系统运行过程中的合法性，另一方面要采取措施保障智慧旅游的安全性；当市场关注度低且参与度不高，市场疲软，即表现为智慧旅游发展由个别少数市场主体运作，形成一定的行业壁垒，后来者很难进入此行业，甚至出现垄断现象时，政府要对成熟的运作主体进行监管，防止垄断行业的形成，促使小型市场主体参与竞争，以搞活市场运作、促进社会经济和谐有序发展。

三、智慧旅游行业监督管理的内容

智慧旅游行业监督管理的内容主要包括，在对智慧旅游管理平台所搜集的数据进行整合、分析的基础上，对旅游行业的行业主体和行业事件进行监督管理，以保证旅游行业管理目标的实现，促进旅游行业的不断改进。智慧旅游行业的监督管理是对传统监督管理方式的革新，有助于提高监督机制的效力。在智慧旅游展开的过程中，旅游企业和旅游者可以通过移动端，将旅游行业中存在的弊端、问题和不良现象传至云端，既丰富监督的手段，又提高行业监督的效率，有利于促进监督机制的运行和对反馈的收集。

（一）旅游行业数据分析

旅游行业数据分析是指根据行业部门管理要求对相关旅游行业进行综合数据分析，按照行业需求及时上报经营动态数据，实现旅游行业的实时动态监管，系统自动产生月报、季报、年报。在旅游行业数据搜集的过程中，要注意统计口径的统一，注意对数据类型、层级、数量分布等动态变化的监管。

（二）旅游交易信息分析

智慧旅游交易结算包括网上支付、银行卡支付等多种交易形式，包括B2C、B2B等企业与旅游者、企业与企业之间的交易。旅游交易信息分析是从旅游者目的地、旅游者客源地、消费时间、消费类型、消费内容、支付方式等维度对旅游交易进行分析。

(三) 旅游企业服务质量评价

旅游者在进行旅游活动的过程中和旅游活动结束后，可以通过旅游 App、旅游网站、旅游电子商务网站对旅游企业的服务或产品等进行评价打分，将其意见、建议、投诉等通过网络互动的方式及时呈现给旅游行政管理部门。旅游行政管理部门可通过对各旅游企业的投诉、评价等数据的整理分析，及时掌握旅游企业的服务质量，并进行管理调控。

(四) 旅游者构成与行为分析

通过智慧旅游管理平台搜集整理旅游者的数据信息，对该数据进行量化处理，对旅游者的客源地、年龄、性别、收入等进行分类统计，得出基于用户构成的用户行为分析报告。随着时间的推移，不断更新该分析报告，为旅游行政管理部门、旅游企业制定决策提供参考依据，促使旅游目的地、旅游企业等有针对性地对客源市场展开营销攻势。

(五) 定价策略模拟分析

在对旅游交易信息进行分析的基础上，由旅游行政管理部门牵头，针对旅游行业各企业所提供的旅游产品、旅游服务进行价格模型的建立。价格模型创建后，将拟制定的价格输入其中，模型可预测出近期的客户数量、消费行为等市场情况。定价策略的模拟分析有助于企业进行定价决策。

(六) 旅游服务改进系统

旅游服务改进系统主要用于解决旅游投诉问题，改进完善旅游目的地的旅游服务。该系统有助于实现公安、工商、卫生、质检等旅游部门之间的信息共享与协作，促使这些部门联合维护旅游市场秩序。在受理投诉事件的同时，该系统可提供相关优秀企业的信息数据，有助于被投诉企业的自查、比对，发现自身的不足，进而改进旅游服务质量和水平。

第三节　智慧旅游的安全保障管理

　　旅游电子政务的实施推行与旅游信息化法律法规的健全完善是智慧旅游安全保障管理的基础。旅游电子政务是指各级旅游行政管理部门应用现代信息管理模式和数字通信技术，构建旅游管理网络和业务数据库，建立一个旅游系统内部信息上传下达的渠道和公共信息的发布平台，向社会提供便捷优质的旅游信息服务。旅游信息化的法律法规是智慧旅游行业的安全准绳。

　　对海量数据信息的处理应用，是智慧旅游管理推行实施的根本；智慧旅游云计算数据信息的安全管理，是智慧旅游安全保障管理的根本。在智慧旅游管理体系设计之初，应该从顶层设计着手，将信息安全保障考虑在内，设计出信息安全保障系统。与此同时，制度保障亦很重要。要针对信息安全造成的危机制定相关预案，从全景式管理角度对潜伏、形成、高潮和消退各阶段的危机进行管理。利用先进的技术，建设智能监测体系、应急响应系统和信息危机处理系统。政府要建立健全信息安全保障的专项法律法规，使信息安全监督保障机制常态化。通过建立日常监督管理制度与突发事件处理机制，完善预警机制，建立信息安全危机预案，加强监管力度和法律惩戒力度，对蓄意破坏信息安全的不法分子严惩不贷。

　　在具体应用层面上，莫琨针对智慧旅游建设面对的安全威胁进行了探讨，并提出了智慧旅游信息安全保障建议：智慧旅游不仅要通过密钥管理保障传感器的安全，建立不同网络环境的认证衔接机制抵制外来网络的攻击，而且要建立一个强大而统一的安全管理平台以防止新的安全问题出现。中国电子技术标准化研究院在《中国智慧城市标准化白皮书》提出，智慧城市建设需要完善的信息安全保障体系，以提升城市基础信息网络、核心要害信息及系统的安全可控水平，为智慧城市建设提供可靠的信息安全保障环境。从技术角度看，信息安全保障体系重点是构建统一的信息安全保障平台，实现统一入口、统一认证，涉及各横向层次。

一、信息安全保障管理

智慧旅游管理平台涉及一些保密性数据的流向以及用户的个人信息的安全等方面的安全问题。大量数据涉及个体隐私问题（如游客出行路线、消费习惯、个体位置信息、健康状况等），平台设计中必须充分重视安全问题，尽可能减少安全漏洞，保障应用平台的整体安全，保证用户的安全服务，同时也最大限度地保证平台网络管理中心自身的安全。一个足够安全稳定的智慧旅游服务平台才是对旅游管理部门、企业、游客等最具有吸引力的，才是最具有发展潜力和旺盛生命力的。因此在整个智慧旅游管理平台的建设过程中，要全面地从构建安全体系结构、建立科学控制机制、实现基础纵深防御、构建应用支撑平台等各个方面进行信息安全保障管理，才能够确保智慧旅游管理的安全运营。

（一）构建安全体系结构

在智慧旅游安全保障管理系统建设的过程中，要运用现代化的信息技术构建符合信息系统等级保护要求的安全体系结构。信息安全的最终任务是保护信息资源被合法用户安全地使用，并禁止非法用户、入侵者、攻击者和黑客非法偷盗、使用信息资源。信息系统安全是物理安全、网络安全、信息内容安全、应用系统安全的总和，安全的最终目标是确保信息的机密性、完整性、可用性、可控性和抗抵赖性，以及信息系统主体（包括用户、团体、社会和国家）对信息资源的控制。智慧旅游安全体系框架主要由技术体系、组织机构体系和管理体系共同构建。

技术体系主要包括物理安全技术与系统安全技术两方面。物理安全技术主要是指对信息系统所处的物理环境进行安全保护，如对计算机设施设备所处的建筑物、机房进行机械防护，选择稳定、有保障的电力供应设备，避免相关信息系统组件暴露在电磁干扰、电磁泄漏等环境中。系统安全技术是指通过安全性措施的选择及自主控制，保障信息系统安全组件的软件工作平台达到相应的安全等级，避免操作平台自身的脆弱性和漏洞引发的风险，同时阻塞任何形式的非授权行为对信息系统安全组件的入侵或接管系统管理权。

组织机构体系是智慧旅游信息安全的组织保障,分为机构、岗位、人事三个模块。其中,机构模块可分为决策层、管理层、执行层三个层次。岗位模块是指根据安全体系结构的构建设置的负责某一项具体安全工作事务的职位;人事模块是指根据相应岗位,对工作人员进行业务技能培训、绩效考核和安全监管等管理的机构。

管理体系包括法律管理、制度管理和培训管理三部分。法律管理是指根据相关的国家法律法规对智慧旅游信息安全保障工作进行规范、约束,提供制度保障;制度管理是指智慧旅游信息系统内部按照国家的相关要求、相关规范标准制定的内部规章制度;培训管理是指不断对工作人员进行知识结构优化,专业技能更新,是保障信息安全的必要前提。

(二)建立科学控制机制

在智慧旅游安全保障管理的过程中要建立科学实用的全程访问控制机制。访问控制机制主要对信息系统中的重要信息进行核心保护,由《计算机信息系统 安全保护等级划分准则》(GB17859-1999)可知,信息安全保障应满足"提供有关安全策略模型、数据标记以及主体对客体强制访问控制"的相关要求。构建由技术体系、组织机构体系和管理体系组成的智慧旅游安全体系框架,构造具体可实施的安全策略模型,在此基础上,根据系统访问规则对操作主体及计算机设备等加强访问控制,制定统一的访问控制策略,避免发生非授权用户的访问行为和授权用户的非授权行为,通过全程访问控制机制,保障系统信息访问的安全性。

(三)实现基础纵深防御

保障终端设备的安全才能有效保障整个智慧旅游平台信息系统的安全,对终端设备实施积极防御、综合防范,消除安全隐患,能有效杜绝重要信息的泄露,避免病毒、木马的入侵。对智慧旅游行业安全的管控既要保障终端设备的安全,也要在系统内部避免恶意用户从网内攻击信息系统安全。安全操作系统是终端安全的核心和基础,有安全的操作系统作为支撑,才能保障终端的安全,才能实现网络系统基础核心层的纵深防御，进而实施更深层次的人、技术和操作的控制。

（四）构建应用支撑平台

在城市智慧旅游平台的信息系统中，既包括单机模式的系统应用，又包括C/S（客户端/服务器）和B/S模式（浏览器/服务器）的应用。该系统必须具备身份认证、权限控制等安全机制。这些安全机制存在被篡改和旁路的风险，相关敏感信息的安全难以得到有效防护。构建应用的支撑平台，可采用安全封装的方式实现对应用服务的访问控制。

应用服务的安全封装主要由可信计算环境、资源隔离和输入/输出安全检查来实现。通过可信计算的基础保障机制建立可信应用环境，通过资源隔离限制特定进程对特定文件的访问权限，从而将应用服务隔离在一个受保护的环境中，不受外界的干扰，确保应用服务相关的客体资源不会被非授权用户访问。输入/输出安全检查截获并分析用户和应用服务之间的交互请求，防范非法的输入和输出。

二、旅游安全保障管理

旅游业的快速发展离不开安全的旅游环境，旅游安全管理是旅游业得以蓬勃发展的保障，良好的旅游安全形象有助于提高旅游业的竞争力，有助于旅游业的可持续发展。智慧旅游目的地的行政管理部门应当通过提高旅游安全预警的科学性，加强监管人员的安全意识，推动社会救援系统化建设，构建完善的安全管理保障体系，促进智慧旅游目的地旅游业健康、有序、安全地发展。

（一）旅游安全预警系统

旅游安全预警系统担负着旅游安全信息的搜集、分析、对策制定和信息发布等功能，是国家发布旅游安全信息、进行旅游安全预控的组织机构。旅游目的地的旅游安全预警系统的主要功能是向旅游企业、旅游者等相关旅游主体发布目的地的旅游安全信息，以维护旅游企业和旅游者的利益。旅游安全预警系统的职能包括旅游安全信息的搜集、旅游安全信息的分析、旅游安全对策的制定和旅游安全信息的发布等四个方面。建设智慧旅游管理平台，有助于收集多个政府职能部门发布的相关安全信息，及时有效地将信息进行整合并发布给相关旅游主体。

（二）旅游安全控制系统

旅游安全控制系统是指在智慧旅游目的地旅游行政管理部门对旅游企业的安全指标控制与监管的同时，促进形成包括旅游企业自我安全控制系统在内的旅游行政管理部门、旅游企业、旅游者等安全主体的安全互控系统。智慧旅游管理平台的建设，有助于旅游行政管理部门及时掌握各旅游企业的安全信息，有助于监督旅游企业遵循相关治安管理条例，有助于促进旅游企业规范安全操作的标准化进程，有助于对旅游者进行安全意识的提高和安全防控技能的掌握。

（三）旅游安全救援系统

智慧旅游目的地的旅游安全救援系统是指为实施旅游救援而建立的，涉及与旅游安全各相关层面的组织机构和包括旅游救援的分工、协作的工作体系。智慧旅游管理平台通过将救援核心机构、救援机构、外围机构等进行整合管控，形成旅游救援中心、医院、公安、消防、通信、交通等多部门参与的联动系统。智慧旅游管理平台的建设可以为旅游救援指挥中心提供及时有效的旅游应急事件信息。在智慧化管理的基础上，通过地理信息位置服务技术、视频信息分析技术等技术，利用目的地全球定位体系、监控体系、LED显示体系所提供的集成信息，高效、快速地进行决策指挥并展开旅游救援活动。

第四节 智慧旅游管理平台的构建

智慧旅游管理是指以信息通信技术为基础，旅游业目的地的行政管理部门通过智慧化技术的全方位应用，提高政府对旅游目的地的管理、旅游行业监督管理、旅游安全保障管理等的服务能力，是智慧旅游管理平台构建的基本目标。

一、智慧旅游管理平台

智慧旅游管理平台是指智慧旅游目的地旅游行政管理部门在对目的地旅游信息进行搜集、整合的基础上，借助互联网、云计算服务、数据挖掘、二维码、移动通信网络、传感器、地理信息位置服务等技术手段，针对不同管理业务打造的具有针对性的管理平台。该平台具有复合性的功能，既能实现对旅游目的地的智慧管理，又能实现对旅游行业的智慧监督和对旅游安全的智慧保障。

旅游行政管理部门通过智慧旅游平台获取精确的景区旅游资源信息，提高旅游行业的管理水平，宣传当地的旅游产品，带动当地的旅游发展。智慧旅游体系在政府管理部门的应用主要表现在信息门户网站建设、智慧行政办公及应急智慧等几个方面。

从智慧旅游平台指标来看，主要包括以下内容：智慧旅游平台，以公共服务为导向，为广大旅游者提供旅游信息，使潜在的旅游者转化为现实的旅游者，满足旅游者的不同需要，从而最终帮助旅游者完成旅游体验。智慧旅游平台指标如表3-1所示。

表3-1 智慧旅游平台指标

序号	二级指标	目标设定	满足	基本满足	不能满足
1	导向平台	是否满足导向服务的需求			
2	体验平台	是否满足旅游体验的需求			
3	服务平台	是否体现服务意识			
4	反馈平台	是否及时收到反馈信息			

导向平台，顾名思义具有导向、指引的功能。通过旅游者对相关信息的查询或通过实时的客服咨询服务，它可以帮助旅游者实现旅游产品的选择、行程的设定、预订付费等需求。体验平台，将图片、音频、视频等多媒体元素融入这个平台中，不仅可以使旅游者对于景点的特色有进一步的认识，也可以极大地激发旅游

者的旅游热情和积极性，促成其旅游之行。服务平台，以旅游者的需求为前提，以实现最佳的旅游体验为目标，将服务意识贯穿于整个智慧旅游平台。反馈平台，该平台是四个平台中不可或缺的一部分，是旅游企业与旅游者交流互动的平台，旅游企业可以根据旅游者的反馈信息，及时地更正、改进工作中的不足，提升旅游服务质量，拓展旅游业务。

应该着力打造智慧旅游中央管理平台。根据国内外城市推进智慧旅游建设的实践经验，智慧旅游中央管理平台主要是由政府主导，各旅游企业支持建造的一个统一的权威的网络信息数据库。该平台包括几方面信息：电子政务系统、营销信息系统、最佳线路设计、信用评价系统、预订支付系统、投诉建议系统、人工服务和数据交换中心。

构建智慧旅游管理平台，应注重动态、可扩展地接入多种应用终端和传感节点，融合多种服务系统，并提供旅游景点的智慧营销、智慧导游、智慧导购、交易结算、旅游景点的智慧管理、旅游景点的信息资源管理等基础应用服务，以及和旅游相关的其他行业的增值类应用服务，同时为其他涉旅企业提供平台支撑的开放性业务。该体系架构主要涉及全面感知层、云平台构建层、应用服务层三个部分，通过在各旅游景点敷设多种类型的传感设备，采用无线传感自组网络技术与互联网结合，借助云平台，传递各类感知或控制信息，最终为旅游景点提供基础应用服务、增值类应用服务以及开放性业务。

在物联网管理模式下搭建智慧旅游公共服务新平台，包括资源平台、云平台和应用平台。资源平台通过准确、动态、共享的数据库为智慧旅游奠定基础，在经过建立旅游网站的专业化阶段及能够提供一定数据共享和服务的旅游数字化阶段之后，必须搭建以准确、动态、共享的数据库为基础的平台，以有效整合各类资源，要以较统一的设计标准建立旅游资源数据库，为旅游者提供及时、准确、有效的旅游相关信息；云平台通过各个旅游业务的专业云为智能处理做支撑，通过整合各项旅游相关业务和专业机构资源，将各类从资源平台处获取的数据进行精确化的分析、整合和共享，就能提高数据的科学性和有效性，为旅游管理者做出决策与服务及满足游客的各种个性化需求提供有力支撑。应用平台通过各种智能终端为智慧旅游的实际应用做保障，主要包括各类旅游组织的管理平台和游客使用的客户平台，各种智能手机、平板电脑都可以作为智慧旅游的智能终端，将经过智能处理的信息转化为管理决策、优质服务。智慧旅游应用平台是任何与旅游相关的组织都可以经营的平台，它不仅可以作为有关政府部门提供旅游公共信息服务的平台，也可以作为旅游企业、景点商家的经营平台。比如，景区管理人员可以通过智能机的管理端，对景区的环境、基础设施、人员安全等情况进行有效的监控，从而及时处理各种问题；游客可以通过智慧旅游客户端，对自己所需各种信息进行搜索查询或即时预订，也可以通过智慧导游收听生动的景点介绍，还可以将自己所处的交通、安全等情况上传，获得即时的帮助，实现真正智慧的旅游体验。

二、智慧旅游管理平台架构

智慧旅游管理平台可以在电脑、智能手机、iPad、旅游触摸屏等各类终端设备登录，通过对各级别管理人员权限的设定，向管理人员推送不同的管理信息，使得相关管理人员可以在第一时间掌握所需的管理信息，为智慧旅游管理提供决策支持。

智慧旅游管理平台一般包括智慧旅游目的地管理平台、智慧旅游行业监督管理平台、智慧旅游安全保障管理平台，其中三大平台又包括各自的子平台。通过智慧旅游管理平台，政府部门管理者可以及时、有效地对旅游目的地的旅游相关信息进行把握，进而做出合理的旅游决策。

（一）智慧旅游目的地管理平台

智慧旅游目的地管理平台主要包括智慧旅游行政服务平台、智慧旅游监测预报平台、智慧旅游信息管理平台三个子平台。智慧旅游行政服务平台通过对旅游行业相关静态数据、动态数据的统计与采集，构建旅游目的地的智慧旅游大数据中心,对智慧旅游目的地的总体情况进行整体把控和掌握;智慧旅游监测预报平台在对相关数据信息进行搜集整理的基础上,对旅游目的地的游客情况、资源与环境情况进行监测;智慧旅游信息管理平台主要将旅游信息进行分类,有针对性地为旅游管理者、旅游者和旅游企业提供旅游信息服务。

(二)智慧旅游行业监督管理平台

智慧旅游行业监督管理平台主要包括旅游行业数据分析平台、旅游交易信息分析平台、旅游企业服务质量评价平台、旅游者构成与行为分析平台、定价策略模拟分析平台和旅游服务改进系统平台六个子平台。智慧旅游目的地的旅游行政管理部门通过智慧旅游行业监督管理平台,将搜集到的数据信息进行分类、整合、分析,实现对其所辖区域内旅游行业的监督管理。该平台的建构,有助于旅游行政管理部门加大监督力度,丰富监督手段,提高监督效率,进而做出及时、有效的旅游行业发展分析决策;有助于旅游行业不断自查、完善并改进其所提供的旅游服务,并为其有针对性地为游客提供旅游产品提供参考。

(三)智慧旅游安全保障管理平台

智慧旅游安全保障管理平台主要包括信息安全保障管理平台和旅游安全保障管理平台两个子平台。信息安全保障管理平台主要是指建立安全、可信的信息安全保障系统,确保相关信息不会被非授权用户访问,防范非法的信息输入和输出。旅游安全保障管理平台主要由旅游安全预警系统平台、旅游安全控制系统平台和旅游安全救援系统平台组成,安全保障管理平台涉及多个政府职能部门,承担着协调、联动各个部门共同协作的作用。该平台的建设有助于促进智慧旅游目的地的旅游业健康、有序、安全地发展。

三、智慧旅游管理平台构建实践

(一)昆明市构建智慧旅游管理平台

昆明市智慧旅游以智慧的旅游规划为基础,以"智慧旅游公共服务和管理"为核心,以云计算、物联网等新一代信息技术为重要支撑,围绕政府部门、旅游企业、游客、旅游目的地居民、旅游相关行业这几类服务对象，建立完善的智慧旅游感知体系，建设昆明旅游信息云数据中心，建立昆明市智慧旅游云计算平台及云计算应用支撑平台，建立"旅游行业管理平台应用""旅游公共服务平台应用"和"旅游决策支持平台应用"，通过旅游行业门户、旅游公共服务门户和手机 WAP（无线应用协议）门户，整合两大平台各子系统资源为多个服务对象提供多种信息服务方式。昆明市智慧旅游平台应用层可视为云计算平台中的软件服务层，主要包含旅游行业管理体系、旅游公共服务体系、旅游决策支持体系。

（二）南京市构建智慧旅游管理平台

南京智慧旅游中央管理平台是在统一规划南京市 GIS（地理信息系统）数据库及旅游资源数据库的基础上，搭建面向旅游行政管理部门的智慧旅游中央管理平台，其主要功能是将各主要景区的实时画面、车船人流等动态信息显性地反映到该平台上，便于管理部门准确、直观地了解整体运行状况，及时发现和处理各种问题，为政府管理部门提供旅游基础数据，调控、疏导旅客流量，更好地建立旅游企业服务标准，提高旅游业的服务质量、能力和水平；分析旅游者的喜好、消费等信息，为商务旅游的质量提升服务，促进整个旅游业整体服务能力的提升。

第四章 智慧旅游消费者需求服务

第一节 旅游垂直搜索

旅游搜索引擎不是一个普通意义上的订房、订机票的中介。旅游搜索引擎作为旅游行业和旅游领域的网络信息垂直搜索工具,可以在广泛的信息中为用户提供专业化的搜寻结果,得到不同信息来源的旅游产品的汇总和比价选择。旅游者可以通过搜索结果中的链接直接前往旅行预订商的相应页面进行预订操作,省去了传统旅游预订需要通过旅行社的环节,旅游搜索引擎大大地简便了信息搜索和决策的过程。旅游搜索引擎正在逐渐改变人们的消费行为和消费模式,旅游者开始习惯于直接到网上预订机票、酒店,并自行设计旅游线路。同时,随着消费者对个性化、智能化、人性化等服务的期望越来越高,旅游供需双方也对旅游搜索引擎提出了新的要求,旅游搜索引擎的未来发展方向也随着旅游供需的要求不断地升级。

一、简介

1. 定义

旅游垂直搜索引擎简称旅游垂直搜索,是指通过机器人爬虫技术,对与旅游有关的互联网网页信息非结构化数据抽取成特定的结构化信息数据,将这些数据存储到数据库,进行进一步的加工处理,如去重、分类等,最后分词、索引,最终以对结构化数据的搜索的方式满足用户的信息需求。整个过程中,数据由非结构化数据抽取成结构化数据,经过深度加工处理后以非结构化的方式和结构化的方式返回给旅游信息消费者,为其搭建了一个快速寻找所需旅游产品和服务的平台。

在线旅游行业的垂直搜索是发展较快的领域，旅游搜索引擎已经成为广大游客获取旅游资源的首要平台。旅游垂直搜索引擎专注于旅游领域，帮助用户获取旅游信息，提供包括酒店、机票、度假等多种旅游产品或服务的搜索及比价，简化了用户对于在线旅游产品的比较和选择过程，从而帮助用户做出消费的决策，节省时间和金钱。相比于通用搜索引擎，旅游垂直搜索引擎具有使搜索结果更准确、更及时的特点。利用数据提取技术，去除虚假信息，提高搜索的相关性，模拟人的思维使其更符合消费者需求，同时缩短辨别信息的时间，从而做到节省时间、精力及成本。

2. 发展情况

最早的旅游搜索是1999年成立的Sidestep，其后在2007年被另外一家旅游搜索引擎Kayak收购。据市场调查机构JupiterResearch在2019年发布的报告显示，占据欧美在线旅游市场最大收入份额的依次是Google、Yahoo和Expedia，在国内则是携程和去哪儿占据了旅游在线搜索的头部地位。互联网在提升消费者的信息获得能力方面的作用显著，82%的受访者认为互联网是取得旅行信息最有用的媒体来源。根据去哪儿的调查显示，在充满活力的中国互联网市场上，有迹象表明在线旅游市场拥有巨大的潜在消费群体。

随着旅游经济的飞速发展，旅游消费者的经验更加丰富，对旅游信息有了新的要求和自己的主见。在这种情形下，旅游搜索引擎在搜索引擎发展的基础上结合旅游业自身的特点诞生和发展，逐渐成为衔接终端消费者与旅游供应商的需求的重要途径，通过旅游产品的在线直销和分销的新模式，以高效率和高品质的优势，为用户提供了更为方便和有价值的服务。已经有越来越多的传统旅游供应商认识到了旅游搜索引擎的商业服务价值，从而开始多方寻求合作机会。用户的品牌注意力和品牌忠诚度的培养也在不断加强。

我国旅游搜索引擎的市场仍然处于初始发展阶段，未来市场前景极其广阔。

旅游搜索引擎通过对整个在线旅游产品资源的整合与发布，提供实时、可信的旅游产品比价与服务比较系统，帮助消费者进行充分的选择，找到最适合自己的在线旅游产品，弥补了旅游市场的空白，开创了属于自己的蓝海。相对于其他旅游信息检索手段和提供方式，旅游搜索引擎的竞争优势在于它的比价模式，通过网络技术抓取网上机票、酒店信息并进行价格排比，然后引导旅游者购买，数据来源于自行发展的合作伙伴和大型机票、酒店预订网站；通过向与之有合作关系的酒店、航空公司和机票代理商收取广告费赚取利润。这种比价模式让旅游信息变得更加透明，旅游者可以对预订网站报价、酒店、航空公司的网上报价进行选择。

相较于在线旅游服务市场的在线旅游服务商、传统旅游服务商线上分支、在线旅店预订服务商、传统航空公司自营等其他类型，在线旅游搜索引擎已不再是单纯意义上的信息检索工具，其在在线旅游方面的推动作用已经凸显出来，依赖于建立在信息链上的旅游业价值链，旅游搜索引擎正逐步取代传统的旅行社、旅游经纪等信息中介，成为推动对整个旅游价值链的变革十分重大的创新因素。

3. 典型搜索引擎

（1）携程

携程旅行网是全球最大的中文旅游搜索引擎。客人可以通过百度地图频道，查询携程近5 000家会员酒店的地理位置和介绍信息，并直接预订。携程与百度的合作，将旅游资讯与搜索引擎技术相结合，可为客人提供更准确便捷的出行服务。客人在百度地图频道搜索酒店，可直指携程提供的相关酒店预订链接、酒店概览和酒店实景视频等，大大方便了客人了解、预订酒店。此外，借助携程提供的庞大翔实的旅游资讯，客人在百度地图频道还可查询到3 000多个景点位置、介绍和其他实用的旅游资讯。作为中国领先的在线旅行服务公司，携程在全球134个国家和地区有超过28 000家的合作酒店。

（2）去哪儿

去哪儿旅游搜索引擎成立于2005年，专注于为消费者提供信息搜索的深度服务，并在数据搜索量、搜索范围、反应速度、价格实时性、数据详细程度、过滤排序功能的易用性等多方面确立了深度服务的优势。去哪儿提供了多种技术工具，让用户自行排序或者过滤得到所需的数据，其特有的智能比价系统可以帮助消费者最大限度地满足消费体验。选择什么样的价格与服务的权利，完全掌握在用户自己手中。

（3）谷歌旅游

谷歌旅游根据真实搜索数据，分析用户所想，用最直观的排行榜形式，向网民推介最受关注的旅游信息。旅游信息查询者不仅可以一览目的地地区各个景区的排行，还可以了解到区域最热门的旅游城市和热点地区排行，以及周边信息、火车信息、邮编区号、货币汇率等。同时，谷歌旅游进一步加强旅游过程中涉及的住宿、交通、娱乐、商务、餐饮、社交、教育、医疗、急救等旅游活动产品和服务供应商的服务方案配合融通，开发面向旅游者的全程出行生活解决方案备案库，可供旅游者在多功能、多价位、多选择的出行方案库中进行优化决策。

（4）Kayak

Kayak实行用户注册制，除提供机票、酒店、租车搜索等服务外，还设置了航线搜索、交易、最优意见分享栏目，显示实时在线用户数量，交互性较强。为消费者提供机票价格历史记录，以帮助消费者做出消费决定，重要功能包括最优价格纪录（显示Kayak用户搜索到的同线路在过去36小时内的前100个最佳价格）、最优价格趋向图（过去90天内用户找到的城市的价格图表）以及KayakBuzz（由Kayak用户搜出的从任何机场始发飞达25个最热门目的地的最低价格，结果会在Google互动地图中显示）。

二、性能评价指标

旅游搜索引擎既是一种信息产品，又是一种信息服务。作为信息产品，旅游搜索引擎的主要功能是根据用户的提问从网上查找信息，满足用户的信息需求。从这个角度出发，旅游搜索引擎的性能表现为它满足用户信息需求的程度，基本上等同于其检索效率。除这些直接表征旅游搜索引擎检索性能的指标外，数据库范围、索引方式、匹配算法、排序机制等因素也决定了检索性能的高低，因而可以作为影响旅游搜索引擎检索性能的间接指标。作为信息服务商，旅游搜索引擎的服务性能主要表现在服务速度快、用户使用方便、提供多种服务形式供用户选择等方面，具体而言包括界面的友好性、检索方式的多样性、对用户提问的响应速度、系统的稳定性等指标。

1. 衡量检索结果质量的指标

除了查全率和查准率这两个指标，其他衡量旅游搜索引擎检索结果质量的指标还包括，结果重复率——旅游搜索引擎返回的检索结果有多少结果与其他结果重复，是衡量旅游搜索引擎对检索结果去重能力的指标；结果新颖性——旅游搜索引擎返回的检索结果是不是最新的网页；链接可访问率——旅游搜索引擎返回的检索结果中有多少死链接或指向收费的网页数量。如果在检索结果中发现大量的死链接，说明巡视软件未能及时更新数据库的内容，剔除已经不存在的文件。而收费网页虽然不是死链接，但对普通用户而言也是无法访问的。

2. 衡量服务质量的指标

衡量旅游搜索引擎服务质量的指标可以从旅游搜索引擎系统与用户交互的角度概括为以下三个方面。

界面的友好性和"帮助"是否完备。用户对旅游搜索引擎的第一印象来自旅游搜索引擎的界面，界面友好能使用户很快地适应系统的操作方式，完备的帮助信息将帮助用户更好地使用旅游搜索引擎提供的各种服务，最大限度地发挥旅游搜索引擎的检索效能。用户与旅游搜索引擎的第一次真正交互来自用户输入检索提问。这时，旅游搜索引擎应该提供的服务是帮助用户以最方便的方式尽可能充分地表达检索需求，因此衡量这方面服务质量的指标有是否支持多种检索方式、是否同时支持简单查询和高级查询、是否允许用户以自然语言提问、是否支持用户以母语（或多语种）提问（包括是否支持中文多内码处理）、是否支持Web信息以外的信息检索[如FTP（文件传输协议）信息]、是否支持对多媒体信息的检索等。

返回检索结果。旅游搜索引擎应提供的首要服务是尽可能迅速地进行检索并将结果返回给用户，提供多种结果显示方式供用户选择，还应该允许用户对检索结果进行处理。相应的衡量指标为响应时间，指用户向系统递交查询请求和收到检索结果之间的时间，包括系统的检索时间和网络传输时间。由于网络的特征，时间长了网络系统会自动停止搜索，造成连接不上的局面，因此系统开发者应该特别重视系统响应时间的问题。检索结果显示方式的多样性与可选性，包括是否允许用户自定义显示检索结果的数目，是否显示检索用时，是否显示结果总数，是否显示结果最近更新日期，是否集中来自同一站点的结果，检索结果是否显示网页标题、URL（统一资源定位系统）、关键词和摘要，是否提供检索结果的相关性排序等。

对检索结果的处理能力，包括是否支持进阶检索，是否支持相似检索，以及是否允许用户对检索结果集进行二次检索等。

3. 影响检索质量的指标

影响旅游搜索引擎检索质量的主要因素在于索引器和查询器的功能。考查索引器的设计可以从索引数据库规模的大小、标引方式（是自动标引还是手工标引或是用户登录）、标引深度（是进行全文标引还是只对标题或首段进行标引）、标引准确率（特别是对中文网页能否自动分词以及自动分词的正确率）、索引数据库更新频率（直接决定死链接率和新颖率）等多个角度进行。影响查询器功能的主要因素是它采用的匹配和排序算法。此外，是否支持相关性反馈也是影响旅游搜索引擎检索质量的因素之一。

三、盈利模式

搜索引擎在发展过程中，伴随自身营运的实践，对赢利模式的探索一刻也没有停止过。盈利模式和生产模式、管理模式和营销模式等一样，是商业模式的一个组成部分。盈利模式的变化会带来整个商业模式的变化，盈利与否与是否实现持续的赢利也是衡量一种商业模式成功与否的最终指标。通常状况下，旅游搜索引擎赢利模式需要考虑供需均衡（需求与供给在数量与质量上都匹配，可持续供应）、合理收费（划价、计量、收费、分配）、与有效交付（生成、上线、管理、执行）等要素。

旅游搜索引擎目前的盈利模式是提供免费搜索服务后，向旅行服务提供商收取广告费用，或提供付费搜索结果。例如，去哪儿旅游搜索引擎的基本商业模式是按流量收费，即搜索者一旦通过去哪儿搜索结果的链接到达了航空公司的B2C直销网站，那么航空公司将需要为每个这样的访问付费。这是典型的搜索引擎盈利模式，也正因为如此才被定义为旅游搜索引擎。

预订返佣模式——通过搜索引擎的流量引导和潜在旅游消费者的挖掘，将客户需求信息连同查询请求等一并导入到酒店、航空公司、景区等旅游生产者方，当旅游消费者与酒店等实际达成交易，则酒店、航空公司、景区等在住宿、机票、餐饮、门票等销售中提取一定比例的佣金，返还支付给搜索引擎。旅游搜索引擎同预订平台、旅游门户网站、旅行社、票务公司等旅游产业链条上所有可能的旅游信息源进行合作，然后从预订中抽取佣金，可以视其贯穿了整个在线旅游，同产业链的各环节更多的是合作关系。

广告模式——通过与广告主深度合作，由广告主支付广告费，在搜索引擎主页面、检索栏提示、检索结果展列、检索结果链接等环节与旅游信息检索、查询、点击、比较、浏览、跳转、滑页等一系列免费检索动作和过程中植入相关广告，通过旅游消费者的广告页面停留时长、点击次数等再次计算广告加成。传统的旅游门户网站或门户的旅游频道走的是媒体路线，赚的也是依靠媒体影响力带来的品牌网络广告或组织行业论坛获得赞助、会员费一类的收入。

电子商务模式——在旅游搜索的各项信息与虚拟服务链条中，输入旅游产品用户推荐、网站推荐以及旅游装备一条龙组合等商务因子，获得从旅游产品（登山鞋、帐篷、水壶、太阳镜、电子导游、目的地地图等）制造商、分销商及旅游服务（汽车租赁、导游租赁、餐饮服务、食宿服务、景区景点等）那里获得销售佣金。

竞价排名模式——在旅游搜索的使用者已经达到一定数量规模和使用频度的积累下，塑造了一定的行业知名度，通过深度引入合作商，让客户在搜索关键词的结果排名次序和出现频率等方面竞争性出价，出价最高者得到一定时间内的排名优先权。

四、市场影响

旅游搜索引擎作为一个信息的平台和中介，提供了信息产业链中最重要的连接。它的出现开始逐渐改变人们的行为方式，是最个性化、最具体验感的服务。旅游搜索引擎的出现使得用户可以凭借旅游搜索享受到比价、限时抢购（在国外）、在线预订等一系列非常实惠和便利的服务，极大地改变了旅游消费者的消费习惯、消费偏好，间接地增加了旅游的需求。

旅游搜索引擎为消费者提供的是不同供应商的服务信息，给以比较和参考，让消费者自主选择。在信息更加明朗对称的情况下，消费者自主的选择权被再次扩大，因此市场经济这只看不见的手也将大显身手地对于旅游产业各个环节的供应商进行淘汰性选择。从各地旅游景点、大小旅行社、各类酒店到航空公司，旅游搜索可以打破其间的传统壁垒。通过搜索技术，增加消费者的利益并对旅游需求的各个方面产生影响。

1. 对旅游需求的影响

经济学中资源的稀缺性与人的欲望的无穷性的这对矛盾，为旅游搜索引擎带来了迅速发展的机会和空间。由于信息不对称，往往导致费用高昂而损害了旅游消费者的利益。有了旅游搜索引擎，人们可以通过比价搜索选择服务提供商，在信息更加明朗对称的情况下，消费者自主的选择权被再次扩大。用户可以凭借旅游搜索享受到比价、限时抢购等一系列非常实惠的服务。旅游搜索为消费者提供的是不同供应商的服务信息，给以比较和参考，让消费者自主选择。

2. 对旅游消费行为的影响

（1）一站式服务有助于旅游决策的确定

在影响旅游消费者决策的其他因素不变的情况下，仅是一个遵循决策的方案执行过程，同时也是存在未知的变化过程。如果受到购买的便捷性及服务人员的态度等不定因素的影响，最终的选择结果会发生一定程度的偏移，如选择可替代特性的休闲方案，甚至取消自己的出行计划。有关消费者行为的研究指出，购买者在行为完成后有一个心理失落的过程，需要回到理解层次去重新思考和权衡以确定自己决策的正确性，而且还试图提高自己所购买产品的市场价值预期，或者通过虚拟的价值来给自己未来消费行为以信心。在这种情况下，旅游者的心理风险加大，旅游者满意的衡量标准也有所上升。而旅游搜索引擎的运营模式满足了旅游消费者的心理。越早预订，则能得到越多的实惠，这样消费者再回到搜索页权衡的时候就可以增加自己消费的信心。

（2）对消费者行为的影响

旅游消费者在信息搜索后，获取了自己所需要的信息，对学习到的相关知识体系进行解读，并进行相关性分析。往往这个过程属于"消费者暗箱"过程，是消费者运用理性思维进行的选择性审查阶段。消费者通过多种价值信息搜索后的交易来衡量做出的方案，不断进行方案的修正性抉择，最后做出交易的行为。旅游搜索引擎的价格信息以及便利性对于消费者的决策而言具有加快消费决策的效果。

（3）对消费信心的影响

旅游消费者在旅游消费过程中，对于过往的旅游消费经历会储存经历的数据库，一次交易的成功会影响旅游消费者的消费信心，消费者觉得没有法制的制约而不敢相信，或者是担心网上的旅游交易存在灰色的操作空间，或者是之前的网上交易所带来的不成功的体验。

（4）购后行为

消费者使用或消费该项商品或服务后做出评估，顾客满意度则是消费者从决策购买行为与预期结果相符的程度来评判消费的结果，并由此形成影响是否再次购买的意愿。消费者对于购买后的反馈来源于真实体验的满意度，在获得满意的体验后愿意将旅游搜索引擎推荐给亲友使用，旅游搜索引擎的好坏最终不是由某些权威机构评断的，而是靠曾经使用过的网友的口口相传，利用这种口口相传的古老方式来推广以获得成功，口碑的作用不但没有削弱，还因为消息传播广度、速度和可信度的增强而空前强大起来。

3. 对旅游供给的影响

旅游搜索引擎的日益成熟已经成为旅游供给拓展销售渠道的一个重要方面。越来越多的旅游企业意识到旅游搜索引擎对于旅游企业的影响，成功地运用旅游搜索引擎极大地拓展了旅游供给企业的拓展渠道，宣传推广多元化，降低了生产成本，对于企业至关重要的盈利和成长具有重要的意义。

（1）景区

旅游目的地致力于开发地区信息系统以提高其资源的展示能力、树立形象以及吸引直接预订。旅游搜索引擎为其提供了宣传和交易的空间，旅游搜索引擎对旅游景区的影响主要体现在其营销上，不论是分销还是直销都离不开旅游搜索引擎的链接和指路人的作用。

拓展分销渠道。随着人们消费观念的改变和经济实力的增强，自由行人群成为旅游市场的主导力量，景区必须解决针对散客群体的景区电子化分销和精准营销的课题，而旅游搜索引擎就给旅游景区的分销提供了良好的平台。

助推品牌推广。品牌推广是指企业塑造自身及产品品牌形象，使广大消费者广泛认同的系列活动和过程。旅游搜索引擎实现了旅游景区的网上预订销售，在技术上实现文字、图片、视频三条信息通道迅速更新；根据客户所输入的关键字，智能化搜索相关的游记以及新闻；网上折扣销售景区点门票的优惠，吸引众多自助游的散客群体购买景区产品，催生更多围绕景区的电子商务；利用爬虫技术搜索到更多相关的旅游景区的直销信息，促进旅游景区营销市场空间的进一步扩大，有助于旅游景区的品牌推广和消费者的熟悉度。

优化营销体系。景区产品与酒店一样具有不可储存的特性，加之景区的承载量限制，造成景区营销存在极大的确定性，而旅游搜索引擎将信息及时地发现和传递给消费者，在一定程度上是旅游景区销售的有效控制杠杆，其及时性有助于景区的合理有效分配，在一定程度上克服了旅游产品的无形性和季节性的特点。同时，旅游搜索引擎直接销售或者推广旅游景区的产品，以流量和点击率进行收费，所支付的都是有效的广告行为。另外，旅游景区可以通过旅游搜索引擎进行直接销售，无数不同分化领域的潜在市场得以有机会进行销售，接触到的是最直接、最有限的细分市场，成为新的利润增长点。通过旅游搜索引擎的营销，提取结构化的信息呈现在旅游消费者的面前，各种技术更真实和即时地展现旅游景区，有助于改进和增加旅游目的地吸引力的作用。

（2）旅行社

鉴于旅行社经营的轻资产特征和旅游市场的中间媒介功能定位，旅行社的经营竞争一直呈现小、散、多的充分竞争的态势。面对消费者旅游信息获取能力和获取手段更新升级的新形势，大型旅行社的网站价格优惠能力和打包产品方面的传统优势，仍然缺乏用户导向的信息组织和送达方式，中小旅行社没有资本和技术来发展自身的网站，线下经营成熟的旅游产品需要实现线上的延伸，旅行社信息化目标是实现更高效的网络分销渠道，基于互联网开始开发同顾客的直接交流，信息如何能有效、快速地呈现给消费者系统等，都有待通过旅游搜索引擎等方式得到明确和加强。

实现业务网络化。随着我国旅游业与国际同业在行业模式和标准的日益接轨，传统旅行社只有将业务运作和旅游经济发展融合起来，更新功能、重组业务流程和发展自身的优势资源，依赖旅游搜索引擎在销售渠道的整合创新，在大型旅游网站联合的基础上实现旅游产品的价值增值,才能保持持续的竞争力。例如,利用旅游搜索引擎的页面分析技术,通过对各个目标旅游网站线路产品信息页面进行智能分析,提取对游客具有重要价值的价格、行程天数、交通方式、住宿标准、出发日期、服务等关键信息并进行标准化;依据产品信息所反映的性价比以及信息可信程度等对线路搜索结果进行排序;在客户端推送旅游精品推荐、旅游线路关键词排名和定制旅游等作为核心服务以最直接有效的方式向最具价值的潜在客户推广旅游服务产品;面向旅游用户通过邮件直投(EDM)推荐、精品专题频道、旅游首页专区推广以及线路搜索优先排名与特别推荐标记等多种组合,帮助游客选择、比较最优质的旅游服务产品;充分利用垂直搜索引擎的价值,帮助旅行社以最直接有效的方式面向精准的潜在客户推销自己的旅游服务产品,改变传统发布模式的弊端,以最有效和成本可控的方式来推广自己的线路产品。

实现产品价值增值。一般而言,旅行社实现旅游产品价值增值的途径主要有两种:一是通过设计高质量的、满足顾客需要的个性化产品和提供异质化的服务来增添价值;二是通过标准化、集团化经营的降低成本来争取价格优势。在旅游信息化的过程中,实现了旅行社产品增值的新的途径——产品信息网络化。旅游产品具有最典型的网络信息无形性、敏感性特征,迫切需要并十分适合在互联网进行旅游产品信息的横向更新、汇集、再分散和纵向传播、宣传。旅游者在获取旅行社的旅游产品信息中存在着时间成本和交易成本,旅游搜索引擎的出现可以为中小旅行社提供信息发布的平台和展示企业的机会,增加了旅游产品的价格,而旅游消费者也在信息搜索中节省了信息成本。

五、功能拓展

1. 移动化

旅游业的异地性决定了旅游者距离原住地有一定的距离,使得旅游者对于信息的获取局限于移动通信设备,而旅游过程中由于身处异地,对周边情况不熟悉,对信息的需要更加深切,旅游消费者对于旅游搜索引擎的移动化也就更加关注,旅游供给方对于能够实现随时随地、有效地将信息通过旅游搜索引擎传递到消费者手中也乐见其成。旅游搜索引擎的移动化基于移动网络，服务于手机等终端提供搜索服务，打破空间对搜索获取信息的终端局限性，可以在任何地方通过移动终端搜索自己需要的信息，更加符合旅游信息消费移动、即时的特点。

2. 智能化

旅游消费者在使用过程中要求旅游搜索引擎的页面更加友好、更加简洁，可以提供智能化的线路设计，可以提供智能的旅行意见；要求搜索引擎可以按相关度、价格、时间、投票数、正面评价等方式排序，完全依照用户行为、心理方式，从而更忠实于人的自然需求，实现更好的搜索体验；旅游产品和服务的生产供给方面也希望旅游搜索引擎的功能更加智能、完善，吸引更多的旅游消费者，这样旅游供给的营销渠道才能有更多的受众。对于旅游供需日益迫切的即时性、智能化、便捷化的影响和要求，旅游搜索引擎在不断地增加更加智能化的服务，以期能够实现基于用户行为的搜索模式，从一开始只是简单地提供比价功能到后来不断地增加智能查询、高级搜索、预测价格趋势等，退出更智能的查询系统、更智能的预订系统，不断地实现功能的完善和智能化发展。旅游搜索引擎的智能化包括以下三个方面。一是检索精准度更高。结合人工智能技术的智能搜索引擎，把信息检索从目前基于关键词层面提高基于知识（概念）层面。利用神经网络、决策树、关联规则、范例推理、模糊聚类、粗糙集、隐马尔可夫模型等技术实现分布式并行检索以数据挖掘与知识发现为主要手段，加上自然语言理解技术，对检索结果进行进一步的分析，滤掉与用户需求不相关或弱相关的信息，从而提高系统性能和检索的精度与效果。二是精通人类语言。自然语言理解技术是智能信息服务的支撑平台，支持以简单自然语言提问的检索，用户无须学习布尔检索式和掌握AND，OR，NOT的用法，抛开了有关关键词和词组的种种限制，只要像平时提问一样，把所要询问的问题输入检索框中就可以得到答案。三是具备交互功能。实现旅游搜索引擎的智能化互动式搜索，以逻辑判断实现对搜索主题的快速分析，在用户查询和搜索引擎之间产生人机交互,搜索引擎根据用户的查询内容,智能展开多组相关的主题,帮助用户快速找到相关搜索结果。

3. 社区化

社区化是旅游搜索引擎的重要特征与目标。从互联网的发展来看,信息的单向传递或者用户的简单参与都只是互联网发展中的一个中间状态,引起互动和激发用户参与热情的社区是互联网发展的大方向,人际关系在网络上的重建、延伸、扩展是互联网发展的重要趋势。旅游搜索引擎聚集了大量的用户,作为对旅游信息非常关注和注重选择性的群体,他们本身就有着相当的共同之处,群体之间如能有更加便捷的对话方式,虚拟的人际关系如能与线下实实在在的人际网络相结合,一个极富黏性的社区形成只是时间的问题。旅游的特性决定了旅游决策需要更多的以往消费者的体验经历的参考,在这个特殊需求下,旅游搜索引擎的社区化也将是未来的趋势。旅游搜索引擎的社区化将意味着网民查找信息又多了一条途径和一个获得验证和促进消费决策的重要影响因素。网民会更乐于相信并接受社区里其他朋友提供的信息,用户可以在社区中轻松地看到最近自己的朋友去过哪些旅游景区、酒店、使用什么样的旅游交通、他们的体验如何,还可以方便地向朋友推荐自己已经有过消费体验的景区、酒店等,信息变得更有针对性,搜索的结果也会更加有效。

六、营销优化

1. 概念

旅游搜索引擎优化(SEO),指为了提升网页在搜索引擎自然搜索结果中(非商业性推广结果)的收录数量以及排序位置而做的优化行为,这一行为的目的是从搜索引擎中获得更多的免费流量,以及更好地展现形象。旅游搜索引擎营销(SEM),则既包括了SEO,也包括了付费的商业推广优化。SEO自从1997年左右出现以来,逐渐分化成两类SEO行为:一类被称为"白帽SEO",这类SEO起到了改良和规范网站设计的作用,对搜索引擎和用户更加友好,并从中获取更多合理的流量；另一类被称为"黑帽SEO"，利用和放大搜索引擎的策略缺陷（实际上完美的系统是不存在的）获取更多用户访问量，而这些更多的访问量，是以伤害用户体验为代价的，所以，面对后一种SEO行为，搜索引擎会通过一些策略进行遏制。搜索引擎与SEO行为间是一种良性的共生关系，如很多优质的网站是用Flash或者Ajax做的，搜索引擎就无法很好地爬取和索引。建站者在了解了SEO的一些基本原理后，可以通过对网站的合理优化，使这些优质资源更好地发挥其检索效果，改善用户的搜索体验。

2. 目标层次

旅游搜索引擎优化的出发点是让用户发现信息，并通过点击进入网站/网页进一步了解所需要的信息。利用搜索引擎优化工具可以实现被搜索引擎收录、在搜索结果中排名靠前、增加用户的点击（点进）率、将浏览者转化为顾客等四个层次的营销目标。在这四个层次中，三个可以理解为搜索引擎营销的过程，而只有将浏览者转化为顾客才是最终目的。在一般的搜索引擎优化中，通过设计网页标题、META标签中的描述标签、关键词标签等，通常可以实现前两个初级目标（如果付费登录，当然直接就可以实现这个目标了，甚至不需要考虑网站优化问题）。实现高层次的目标，还需要进一步对搜索引擎进行优化设计，或者说，设计从整体上对搜索引擎友好的网站。

（1）转化率

从搜索引擎获取流量的最终目的是不断提高网站的核心价值。从搜索引擎获得的流量，有多少能转化为网站的核心价值，这就是转化率。对于旅游内容型网站，忠实用户是核心价值，把搜索引擎用户转变为忠实用户就是最终目的。对于旅游社交型网站，注册用户是核心价值，让用户来平台注册、活动就是最终目的。对于旅游电子商务网站，卖东西就是核心价值，把东西卖给顾客就是要达到的目的。

（2）流量分析

搜索引擎用户在网站上的后续行为决定了这个用户会不会转化为忠实用户，分析用户行为可以为改进服务提供依据。以下三个指标可以更好地分析：跳出率——只浏览一页便离开的用户的比例，跳出率高，通常代表网站对用户没有吸引力，也可能是网站内容之间的联系不够紧密；退出率——用户从某个页面离开次数占总浏览量的比例，流程性强的网站，可以进行转换流程上的退出率分析，用于优化流程，如购物网站，从商品页浏览——点击购买——登录——确认商品——付费这一系列的流程中每一步的退出率都记录下来，分析退出率异常的步骤，改进设计；用户停留时间——用户停留时间反映了网站黏性及用户对网站内容质量的判断。以上是统计分析的最基本的三个指标。行为分析可以看出用户的检索需求有没有在旅游网站上得到满足，更进一步思考如何更好地满足需求。

（3）网站信任度

网站信任度指用户给予网站的信任程度。用户对网站的信任度是用户在网站上进行活动的基础。提升旅游消费者对旅游网站信任度的方法有：页面美观、整洁，有自己的风格；可以很容易地了解到网站的背景；详细的网站介绍、联系方式，让用户可以方便地联系；用户评论、顾客反馈等信息，让原有的用户影响新用户；在网站设计中注重强化网站的品牌，让用户更了解，进而信任网站。

（4）不断强化品牌概念

旅游品牌建设是以优质内容、服务换来用户对网站内容的信任，让用户一个从搜索引擎过客变成忠实用户的过程。在满足用户需求的同时适当地宣传品牌，不仅对用户在面对多个搜索结果时选择点击哪个有帮助，也会对口碑传播有很大的作用。一般需要注意以下要点：最低层次——让用户知道他所获取的内容来自目标网站；进阶——让用户下次再想找这个信息时，能想到目标网站；能让用户在找同类内容时，能第一时间想到目标网站。

3. 优化要素

旅游搜索引擎优化的要素和指标包括关键词分析、访问深度优化、程序代码优化、图片动画优化、内链接、外链接、网址优化等。

关键词分析——关键词从不同角度可以分成不同种类，从概念上可以分为目标关键词、长尾关键词、相关关键词；从页面上可以分为首页关键词、栏目页关键词、内容页关键词；从目的性可以分为直接性关键词、营销性关键词。分析关键词的搜索指数，要根据该词的具体情况了解它的内容和背景，最后确定搜索指数的可靠性；选择网站关键词，其搜索量自然是越大越好，关键词的搜索量越大，网站排到前面以后，这个词每天带来的访问量也就越大。

访问深度优化——网站应该有清晰的结构和明晰的导航，这能帮助用户快速从你的网站中找到自己需要的内容，也可以帮助搜索引擎快速理解网站中每一个网页所处的结构层次。网站结构建议采用树状结构，树状结构通常分为以下三个层次：首页——频道——文章页。像一棵大树一样，首先有一个树干（首页），其次是树枝（频道），最后是树叶（普通内容页）。理想的网站结构应该是更扁平一些，从首页到内容页的层次尽量少，这样搜索引擎处理起来会更简单。同时，网站也应该是一个网状结构，网站上每个网页都应该有指向上、下级网页以及相关内容的链接：首页有到频道页的链接，频道页有到首页和普通内容页的链接、普通内容页有到上级频道以及首页的链接、内容相关的网页间互相有链接。网站中每一个网页，都应该是网站结构的一部分，都应该能通过其他网页链接到。网站应该有简明、清晰的导航，可以让用户快速找到自己需要的内容，同时也可以帮助搜索引擎更好地了解网站的结构

程序代码优化——选择使用子域名还是目录来合理地分配网站内容，对网站在搜索引擎中的表现会有较大的影响。创建具有良好描述性、规范、简单的URL，有利于用户更方便地记忆和判断网页的内容，也有利于搜索引擎更有效地抓取用户的网站。网站设计之初，就应该有合理的URL规划。合理地利用站长

工具，可以起到事半功倍的效果。

图片动画优化——建议使用文字而不是 Flash、图片、Javascript（一种具有函数优先的轻量级、解释型或即时编译型的编程语言）等来显示重要的内容或链接，增强机器可读性。搜索引擎识别 Flash、图片、Javascript 中内容的计算负荷较大，会导致这部分内容无法搜索到。如果必须使用 Flash 制作网页，建议同时制作一个供搜索引擎收录的文字版，并在首页使用文本链接指向文字版；Ajax 等搜索引擎不能识别的技术，只用在需要用户交互的地方，不把希望搜索引擎"看"到的导航及正文内容放到 Ajax 中。

内、外链接——在本质上属于一个网页的一部分，它是一种允许我们同其他网页或站点之间进行连接的元素。在网站里，一个超链接指向本网站的其他页面，该链接就称为内链。外链则是其他人网站上的一个链接，指向了你的网站中任何一个页面，对于你的网站来说，其他人的网站存在于你网站的外链中。链接能告诉搜索引擎指向的页面主要讲什么内容，它涵盖了所指向页面的主题。所以无论是内链还是外链，会让搜索引擎更加明确指向页面的主题，这有利于网站的排名。

网址优化——网址是用户对网站的第一印象，能否让用户迅速记住网址域名对网站发展非常重要。建议注册网址时选择容易让用户记忆、容易产生信任感的域名，这样可以提高回头率，并方便用户推荐。域名尽量简短，越短的域名，用户的记忆成本就越低；网址可以和网站主题或网站名称相呼应，让人看到网址就能联想到网站内容，如使用公司名称、商标、网站名称或者公司产品等信息来选择域名；使用何种形式的域名后缀对百度网页搜索没有影响，但域名后缀也需要考虑方便用户记忆。常见的网址域名后缀用户更容易记忆，一些不常见的后缀可能会让用户产生不信任感，增加用户的判断成本。

4. 有效内容

引擎推广方法的一种具体应用形式，应服从属于搜索引擎营销的一般原理。

网页内容是否具有网站推广的价值，不仅依赖于搜索引擎，也取决于用户使用搜索引擎的行为，只有做到网页内容被搜索引擎收录，并且在用户利用某些关键词检索时出现在检索结果靠前的位置，才有可能被用户发现并引起进一步的兴趣。网络营销的基本任务之一就是利用互联网手段。有效的网站内容对于网站推广策略如此重要，多一个网页，只要包含有效关键词，那么在搜索结果中就多了一次被用户发现的机会，但是实际上并不是每个网站都有很多内容，尤其是用户感兴趣的内容，因此显得内容贫乏，这种状况在许多中小型网站上尤为普遍，好像除了公司简介、产品简介之外，再没有其他内容可以发布了。增加网站内容的途径可以从网站内部和外部两个方面的资源来考虑增加内容：充分利用内部资源，也就是对网站现有内容进行合理的包装、优化和扩展；合理利用外部资源，包括利用合作伙伴的资源、利用相关的信息资源，以及将企业的信息资源通过其他网站进行传播等。

5. 主要实现方法

搜索引擎营销追求最高的性价比，以最小的投入获得最大的来自搜索引擎的访问量，并产生商业价值。用户在检索信息所使用的关键字反映出用户对该问题（产品）的关注，这种关注是搜索引擎之所以被应用于网络营销的根本原因。搜索营销的最主要工作是扩大搜索引擎在营销业务中的比重，通过对网站进行搜索优化，更多地挖掘企业的潜在客户，帮助企业实现更高的转化率。旅游搜索引擎优化与营销的实现方法包括竞价排名、分类目录登录、搜索引擎登录、付费搜索引擎广告、关键词广告、TMTW 来电付费广告、搜索引擎优化（搜索引擎自然排名）、地址栏搜索、网站链接策略等。

竞价排名顾名思义就是网站付费后才能出现在搜索结果页面，付费越高者排名越靠前；竞价排名服务是由客户为自己的网页购买关键字排名，按点击计费的一种服务。客户可以通过调整每次点击付费价格，控制自己在特定关键字搜索结果中的排名，并可以通过设定不同的关键词捕捉到不同类型的目标访问者。

购买关键词广告即在搜索结果页面显示广告内容，实现高级定位投放，用户可以根据需要更换关键词，相当于在不同页面轮换投放广告。

按照有效通话收费或来电付费，指企业按接到意向客户的来电次数付广告费的一种全新效果广告模式。来电付费是一种广告推广计费模式，实现策划不收费，展示不收费，点击不收费，只有广告主接到客户有效电话后才收取相应费用。也就是按来电付费，是一种真正意义上的按效果付费的模式。它颠覆了传统广告的种种弊端，实现了融及时性、互动性为一体的精准营销。

第二节　旅游共享经济

一、旅游住宿共享

在针对单个消费者的旅游住宿行业，共享经济将原本标准化的酒店服务改造为极富个性化、创意感的住宿共享。

（一）概念

旅游住宿共享是指以互联网平台为依托，整合共享海量的、分散的闲置房屋、房间及其配套设施等资源，满足多样化旅游住宿需求的各种经济活动的总和。

与传统酒店相比，旅游住宿共享有三个主要特征。一是供给主体多元化。目前参与旅游住宿共享供给的主体既有个人也有平台型企业，而传统酒店业的供给主体主要是酒店开发商和专业酒店管理公司。供给主体的多元化可以带来灵活多样的区位选择，更加方便契合旅游消费者的住宿需求；同时还能更好地应对旅游淡旺季的潮汐客流，从而避免传统酒店"旺季一房难求，淡季门可罗雀"的现象。二是服务内容多样化。旅游住宿共享房源具备大部分传统酒店无法提供的居家生活环境和设施，从而更能满足入住者的多样化消费需求。入住者在房屋内可以像在家一样洗衣、做饭、聚餐、休憩，而大多数传统酒店客房只能满足最基本的休息、卫生等需求。三是用户体验社交化。在旅游住宿共享平台上，旅行者得到的不仅仅是简单的住宿服务，还包括具有人情味的归属感。房东与房客可以建立更加密切的社交联系，共享各自的生活体验、旅行见闻等，使用户的住宿体验更加本土化，并更好地促进陌生人之间的相互信任。

（二）主要类型

1. 按平台企业的业务模式划分

B2C（Business-to-Customer）模式。平台企业通过收购、租赁等方式大量收集分散的房源，按照统一标准进行装修装饰、配置基本生活设施，并提供相对标准化的线下服务。

C2C（Consumer-to-Consumer）模式。平台一方面吸引房东接入房源，另一方面吸引房客入住。房客与房东在平台实现直接对接，并完成预订、入住、评价等过程。

从实践中看，两者的区别并非绝对的。例如许多以 C2C 模式为主的平台企业也都组建了大量的线下团队，在拓展房源的同时，为房东提供装修设计、接待指导、物业保洁等服务。

与 B2C 模式相比，C2C 模式有两个主要特点。一是去中心化，提高效率节约成本。C2C 模式通过平台减少了信息传递、搜索和交易的中间环节，将出行目的地的碎片化住宿资源进行整合，供旅游者选择和消费，实现了住宿产品和服务的大规模、高效率供给，使人人皆可参与到住宿"分"与"享"的过程中去。二是满足多元化、个性化需求。旅游消费群体追随时尚潮流，喜欢尝试新鲜事物，倾向于个性化体验。C2C 平台上的房源更加个性化，更容易满足多元、多层次的消费需求，也更加契合旅游者的社交习惯。

2. 按住宿方式划分

合租模式。合租模式的用户群体主要有两类：一是以求医、求职、"穷游"等为主的中低端消费者；二是喜欢尝试新鲜事物和体验民俗文化的旅行者。目前合租模式房源占整体房源的比例并不高，如小猪短租平台上的合租比例不超过 20%。

整租模式。整租模式的用户群体主要是集体出游的家庭、亲友和单位等。整租能更好地满足中高端消费者对大空间、高品质、私密性住宿环境的需求。近年来选择整租的客户群体在不断增加，越来越成为住宿共享的主流趋势。

（三）驱动力量

旅游住宿共享的兴起是政策、经济、技术等多方面因素综合作用的结果，其背后的驱动力量主要有以下2个方面。

1. 旅游消费升级转型

旅游者在选购旅游产品、享受接待服务时越来越希望掌握主动权，更加关注自主化、多样化的消费模式。消费者在休闲度假中也不再满足于简单的观光和娱乐，而是更愿意深入感受度假地的风土人情，体验一把"当地人"的日常生活。这给以个性化、定制化为主要特征的旅游住宿共享带来巨大的发展空间。

2. 技术创新不断涌现

以互联网为代表的技术创新为住宿共享带来源源不断的发展助力，如"互联网＋旅游"为住宿共享带来丰富客流，"互联网＋金融保险"为住宿共享提供在线支付、人身财产安全保障等。此外，平台还纷纷采取大数据、云计算、移动互联网、基于位置的服务（LBS）等先进技术，记录、分析客户需求，从而更好地把握消费者偏好和市场趋势；同时利用新兴智能技术，采取远程门锁、人脸识别、实时安全监控等措施提升安保水平。随着虚拟现实技术（Virtual Reality）的大热，全景视频、主宾互动等虚拟现实技术应用也将带来更好的用户体验。

（四）发展特征

1. 市场运营主体分化为三个梯队

旅游住宿共享领域，成立较早、规模较大的活跃平台主要有小猪等，综合这些平台的房源量、用户量、融资额等情况，现有市场主体基本可以分为三个梯队：第一梯队由小猪短租、途家网、住百家等平台构成；第二梯队包括Airbnb中国、木鸟网、游天下、大鱼网、自在客、一家民宿、一呆网、沙发客等平台；第三梯队主要包括大量的、长尾的特色品牌和民宿联盟等。

2. 行业更加注重业务创新

当前发展较快的平台在积极拓展房源的同时，也越来越注重存量市场的精耕细作，努力创新用户服务和打造特色品牌活动。

（1）创新用户服务

平台企业将重点放在增强服务能力，提升用户参与体验上。一是加强房源可靠程度，平台不断创新房源验真手段，除了传统的身份信息核验比对、登门现场拍照外，还与最新技术相结合增强房源的可视性。例如住百家对旗下房源采取3D实景拍照的方式，为用户提供3D看房体验。二是增强房东接待能力，为了解决个体房东时间、精力有限，无暇打扫房屋，而可能导致房客入住体验降低的"痛点"，一些平台推出"众包保洁"服务。例如小猪短租推出的"小猪管家"项目，召集并培训有空余时间和参与意愿的保洁人员为房东提供包括地面清洁、床品清洗与更换等服务在内的标准化保洁，有效增强了房东的接待能力。三是提升房客入住效率，为了方便房客更加高效、便捷地入住，一些平台在智能化物业方面进行了尝试。例如去呼呼平台推出的智能门锁，可以通过手机App、密码、门卡等多种方式打开。智能控制器可将门锁开门信息传输至数据后台，实现轻松管理房客入住。四是完善售后结算服务，以往许多用户对使用住宿共享存在的一大顾虑在于平台服务难以开具发票，这对于公务、商旅等客户而言极为不便。现在已有小猪短租、途家网等多家平台可以提供发票开具服务，减少了客户的后顾之忧。

（2）打造特色品牌活动

一些平台基于自身业务优势，围绕"住宿共享"主题打造创意活动，起到扩大影响、吸引客源的效果。例如小猪短租发起的"城市之光"项目，创造性地"把书店变成睡房"，"在书店支起帐篷，书店向房客收取一定的过夜费用，爱书之人可以睡在被书包围的环境中，随时可拿起书来看，困了再睡"。目前国内已有超过10座城市的20余家书店加入了这一计划。该项目既为书店带来收益，也为爱书之人提供了新颖的阅读空间和社交的机会。

3. 全流程的安全保障体系

平台积极保障交易、信息、财产和隐私安全等，提供住得更安全的住宿支撑服务，在信息验真、在线交易、入住保障、安全保险、信用记录和双向评价等方面取得成效，基本覆盖了选房、交易、入住、退租、评价的全流程。在身份验证方面，平台一般会对房源进行实地探访、现场拍照，保证房源真实存在并与描述相符，还会对房东本人的照片、手机号、身份证、银行卡进行人工审核，同时会保护好其个人身份及隐私；在房客入住前也会对入住者进行相应的审核，确保双向安全。

在支付结算方面，目前绝大多数平台都采取安全可靠的线上交易，使用第三方支付系统，房费一般由平台代管，退租确认无误后再支付给房东。

在入住保障方面，平台对房客可能遇到的虚假房源、无法入住、乱收费等情况设有应急预案，如给房客退还押金、提供赔偿、协调其他入住途径并补偿差价等；对房东可能遇到的房客违约取消订单等情况，平台会合理扣除房客的部分预付款作为违约金补偿给房东，最大限度地弥补双方损失。住百家宣布首推3D全景看房功能，成为首家上线这一技术的非标住宿短租企业。

在保险安全方面，目前市场上的主流平台均为交易双方提供赔付基金或人身、财产保险等保障。例如小猪平台为房客提供最高保额10万元的住宿意外保险和最高保额88万元的家庭财产综合保险服务。

在信用记录方面，各大平台一方面建立了基于自身交易信息的评价系统，通过双向打分、点评等机制，将信用记录与房源排名、优先权益挂钩；另一方面平台还与第三方信用机构合作，根据信用水平为用户提供免押金、快速审核等服务。

在隐私保护方面，平台对个人信息披露设定有严格的政策。根据隐私保护政策，对于任何第三方要求提取用户有关信息的要求，均设有严格的书面审查和限制披露机制。

在智能设施方面，平台积极通过智能硬件设备提高安全性。一方面应用新一代智能门锁嵌入智能芯片，用于识别人脸，并与身份信息在云端进行核对，确保入住人与预订人的统一；另一方面在室内安装智能烟感器、水电与燃气探测器等设备，降低安全隐患。

（五）发展趋势

1. 用户消费习惯适应与调整

旅游住宿共享虽然以特色服务不断吸引着消费者，但用户消费习惯并未完全形成。在传统观念的影响下，一方面人们选择传统酒店旅行住宿的习惯根深蒂固；另一方面，人们通常把自己的居住空间作为隐私的一部分，参与共享的意愿比较低。此外，消费者还对住宿共享房源的真实性存在疑虑。实践中，消费者一般会参考平台的展示页面以及评分体系等信息来选择房源，但极个别经营者为了牟取不正当利益而采取技术手段或雇佣"水军"，绕过平台进行虚假评价和刷单，导致用户遇到线上线下描述不一致的较差体验，造成了消费者对住宿共享新业态的误解。这都反映了旅游共享住宿作为新兴业态出现在市场磨合初期的种种不适应。对此，应该在行业的发展中，逐步引导旅游消费者和住宿资源供给经营者各自规范自身的消费行为和服务规范。

2. 推行服务标准化和专业化

住宿共享的一大特色在于其非标化的服务模式可以给广大消费者带来多样化、个性化的入住体验，但这也给硬件配置标准和服务提供标准带来一定的挑战。如传统酒店宾馆有一整套行业通行的设施配备标准，并接受有关部门的定期检查；而目前住宿共享业界对房源的基本硬件设施尚无统一的配置标准。在服务标准方面，部分客户评价反映卫生方面存在一定问题。宾馆酒店的卫生用品和寝具定期更换并统一清洗消毒，但部分个体房东由于成本、能力所限，很难达到较高的卫生标准，这不免让入住者心存疑虑。

对此，旅游共享住宿应采取"标准化保障 + 专业化运营"的方式，标准化不是指住宿共享像传统酒店一样有统一规格的房间、用品和保洁等服务，而是基于旅游共享住宿，在不影响房源本身特色的同时，采用环境健康、卫生保洁、安全等标准化保障。专业化针对C2C房源供给侧出现越来越多的职业房东，开展专业化的知识技能培训和行业推荐认可的职业资质，同时加强保洁、维修、保安等专业化运营管理。

3. 改变相对单一的平台盈利模式，多样化发展

目前国内主流住宿共享平台主要依靠佣金、差价来取得收入。例如向房东收取每单成交额5%~10%不等的费用作为佣金，也有部分平台在房东报价的基础上提价10%左右从而增加收入。对比国外同类平台，Airbnb在提供服务时对房东和房客双向收取佣金和服务费，总计可以达到交易额的6%~12%；HomeAway除了向房东、房客收费外，还有一定的广告费、第三方合作分成以及搜索结果排名收费等增值收入。随着用户流量的增多，住宿共享平台将逐渐升级盈利模式，通过为房客的潜在需求提供增值服务来探索新的盈利方式。如平台可以根据房东自有的资源优势，推荐其为房客提供多样化的增值服务，如规划线路、推荐美食、提供租车以及陪同参观等，并从增值服务中获得更多收益分成。当平台发展到一定程度后，还可以充分利用其积累的客户身份信息、选择偏好、消费习惯等大数据资源挖掘相关保险、金融、社交、健康、养老等增值领域，并定向投放各类服务，开发类似旅游咨询师、导游等"私人定制"类的业务和主题产品。

4. 产业链继续向纵深拓展

大多数旅行者希望能够将整个旅程中的住宿、交通、观光、美食、娱乐等多个环节统筹考虑、综合规划。因此，拓展旅游目的地的产业链、提供一站式的旅游服务将有望成为旅游住宿共享平台企业未来的着力点。住宿是整个旅程的核心环节，住宿共享平台可以提供本地化特色服务，因而更容易拓展旅游衍生产品，满足用户一站式的旅行服务需求。未来平台将不断尝试为用户提供住宿、旅游咨询、交通规划、门票购买、导游预约等延伸服务。此外，住宿共享平台还可以与其他共享经济平台合作，通过流量互通、服务对接等方式，实现旅游资源的共享和完善，打造完整的旅游产业链，使房东、房客、平台实现互利共赢。整合并购创造新独角兽企业，对于住宿共享平台而言，通过收购股份、并购业务、战略合作等方式获得在线旅游企业的房源、流量、人才等资源，有利于提升经营效率，形成整合优势，这将促进行业的整体发展。随着国内外旅游市场的持续升温，将在线旅游企业的住宿需求流量导向住宿共享平台将会给企业带来更大的发展优势，使之成为未来住宿接待的主力之一。未来业内的整合并购现象将很可能继续出现，并发展出更多独角兽企业。

5. 营造有利于行业发展的政策环境

当前，住宿共享发展总体上仍处于创新摸索阶段，实践中，平台企业的内部治理为相关部门制定政策和制度积累着越来越丰富的管理经验和数据支撑。从国际上看目前部分国家已经出现了相关规定。住宿共享是近年来在新技术支撑下发展起来的新业态。居民享有将个人名下拥有使用权或所有权的房屋出租的合法权利，长租、短租、日租都是可行的租赁方式，房屋权利人由此获得的收入回报也无疑是正当的。有关政策的制定需要综合考虑鼓励新业态新模式、鼓励"大众创业、万众创新"、维护社会和公众消费权益、引导行业健康发展等多种因素。在这种情况下，住宿共享平台必须重视"打铁还需自身硬"，从加强自律入手，进一步完善平台内部治理，努力将可能存在的风险隐患最小化，为公众参与提供更好的安全保障。另外，要深化行业合作，更好地发挥产业联盟、行业协会等组织在加强行业自律、推进资源与数据共享和标准化建设等方面的作用。目前住宿共享平台在发展过程中建立起来的准入制度、交易规则、安全保障制度、信用评价机制、风险控制制度等，随着实践的发展将不断完善，也有望成为政府实现有效监管的参考和补充；同时，平台企业在加强信息保护和为政府决策提供数据支撑等多个方面也面临更大的社会责任。住宿共享有望在政府、企业、社会各界的共同参与和协同治理下，走向更加健康、创新、共赢的发展之路。

二、旅游出行共享

（一）定义

旅游出行共享是指以互联网平台为依托，整合社会闲置车辆、车内空间或驾驶技能等交通出行资源，通过大数据计算高效匹配出行供给与需求，实现共享旅游出行能力的各种出行方式的总和。

（二）类型及模式

正是由于大量未满足需求的存在以及共享经济核心的支撑点——移动互联网和移动支付的不断完善，旅游交通出行领域成为最早被共享经济改造的领域之一。在公共交通、私家车领域外，旅游共享经济提供私家车预约（"专车""快车"业务）、出租车预约（"打车"业务）、私家车顺路搭乘（"顺风车""拼车"业务）以及 P2P 租车四种新兴模式。

1. 打车

从用户调研来看，出租车打车应用是用户使用最多、最基础的应用。打车应用的基本模式是：出租车司机和用户同时安装打车软件；用户在软件端发出用车路线的需求到平台，平台向出租车司机播报不同用户的路线需求；出租车司机进行"抢单"；用户在到达目的地后，利用手机向司机进行支付。

从使用流程来看，传统乘客和司机存在三大痛点：叫车——叫车范围仅限于肉眼视线范围内，与出租车司机在空闲位置、需求等信息上存在较大的信息不对称；乘车——路线由司机决定，可能存在不熟悉路况、绕路等情况；付款——存在找零、假币问题。出租车叫车软件的出现，主要解决了这三大痛点。在叫车环节，路线请求由附近的用户发起，帮助司机发现周围的乘客，同时允许司机选择自己希望的路线，降低司机的空驶率；在乘车环节，为司机提供最优的路径规划，避免争议；在付款环节，以移动支付代替纸币，提高效率。对司机而言，降低空驶率和选择路线，对他们的吸引力巨大。帮助他们在单位时间内搭乘更多的乘客，以提高自身的收入。同时，叫车平台还提供了乘客加价功能，在高峰期利用价格来对供求进行调整，而乘客的加价则全部归司机所有。

2. 专车/快车

专车或快车服务与出租车服务类似。乘客通过移动终端发出用车需求，附近司机进行响应。与出租车服务不同的是，车辆的供给方并非出租车公司，而是私家车车主。利用私家车主的专车/快车服务虽然始终存在合法性的问题，但这并不妨碍该项服务在全球受欢迎的程度。

对供给方，私家车车主利用自己的闲暇时间经营专车服务，一方面提高了自身的收入，另一方面也填补了出行需求的缺口。各个专车平台根据私家车车型的不同设置不同的收费标准，大众化的家庭车型价格略低于出租车价格，而高端车型、商务车型的价格则大幅高于出租车价格。对需求方，一方面可以节省出行成本，一部分专车的价格略低于出租车价格，而且使用专车的成本将小于拥有汽车的成本；另一方面，当乘客有需求时，他们可以付出更高的价格选择豪华车型，并获得远超出租车的乘车体验。在付款方式上，相比于出租车服务通常可以选择在线支付或线下直接支付。而专车服务，主要依靠移动支付平台进行划款，无须现金支付。这一方面为乘客和司机节省了时间，另一方面也减少了由现金支付带来的风险。正是专车/快车服务的出现，原有单一而标准的出租车服务，变为了多层次的服务体系，追求价格便宜可以选择快车/优步等低价的车型，追求高品质服务则可以选择高端、商务车型。

代表平台如 Uber（优步），Uber 创立于 2009 年，创立伊始公司名为 UberCab，主营业务是对旧金山地区的闲置出租车资源进行整合，向消费者提供出租车预约服务。Uber 在技术、数据等层面不断地进行优化、整合，以达到对车辆资源最有效的配置。Uber 的核心技术就是如何在一座城市里部署最少的车，最有效率地满足全城的需求。Uber 的路程价格完全由 Uber 自己决定，相比于出租车价格，Uber 的价格更为市场化。在不同的时间划定不同的价格，如在上下班高峰时间和恶劣天气时间，乘客愿意付出更高的价格，这体现了天气与时间因素对乘客真实需求的影响，而 Uber 的灵活定价使得乘客与车主间的供求关系更加平衡。

3. 顺风车

搭乘顺风车可以提高车辆上座率，减少道路拥挤。尤其是在国外盛行的自助游中，搭乘顺风车亦是一种游玩的途径。但欧美的顺风车搭乘以中长途距离、非固定时间、路边招手即上为主。由于信任等问题，搭顺风车对乘客和车主而言，都需要有一定的保障机制。对车主而言是搭载陌生人，对乘客而言则是搭乘陌生人的车辆。两方皆需要有一个共同的中介平台保证其路程的安全和付费的便利。

顺风车的出行方式虽略晚于滴滴打车、Uber 等专车模式出现。但顺风车的模式整合线下私家车的空置座位，解决大城市上班族的一部分通勤问题，并提供了构建共享社区的可能性。

在顺风车模式下，有搭乘需求的乘客提前在顺风车 App 中发布自己的乘车需求（时间、起始点），由附近的车主进行抢单。抢单成功后，乘客先进行付费，并与车主约定接送时间和地点。搭乘完成后，车主与乘客相互进行评价。在价格方面，顺风车 App 通常并不精确到公里和时间，而是根据车型、行驶公里范围给出计费的区间进行计费。通常而言，顺风车的费用为相同里程出租车的 50%~60%。顺风车主要针对的群体是大城市的通勤人群。虽然乘客提供的费用并不能覆盖车主的全部行驶费用。但在高额的油价和养车费用下，车主仍然愿意通过提供顺风车服务，将车内空置的座位资源暂时"租"出去，获得一部分养车费用。另外，随着城市的扩建，上班族的通勤时间不断增长。通过顺风车搭乘，也帮助车主和乘客在通勤途中进行沟通交流。可以看到，国内的顺风车软件在运营机制上，与普通的专车和出租车进行了明显的区隔。例如，其他专车平台虽然也设置了车主与乘客的相互评价体系，但由于短途用车是高频、短时间的出行行为，因此专车平台并不做重点的运营评价体系。但顺风车车主通常并不以此为盈利的手段，他们通常更愿意搭乘举止文明的乘客。因此顺风车平台在搭建时，十分注意对车主与乘客之间的社区感进行营造。同时平台更偏向于保护车主的利益，以保证平台上有源源不断的车主加入，提供新的行驶线路。Uber 公司认为，不断增加运力、降低司机的空驶率，才能有效地帮助乘客达到可以立即乘车的需求，同时提高司机的收入。

例如 UberPool 将每一订单的"司机 + 乘客"固定模式，变为同一订单内司机搭乘两位以上不同乘客的模式，形成乘客的拼车合乘，共享重合的路程。根据 UberPool 的模型，在一般的拼车产品或者专车产品的情形下，司机在两段行程的空隙时间中无法获得收入，存在空窗期。如果使用 UberPool 系统，司机在行驶过程中，在不同的地点先后接上两名以上的乘客，再将两名顺路的乘客送达目的地。

UberPool 将原有一位乘客独享的路程中加入了新的乘客。由此，Uber 司机可以收到两份以上的车费，而乘客的费用则可以继续下调。UberPool 提供的是一种新型的顺风车模式，是将原有的司机顺路搭乘一位乘客，变为司机顺路搭乘多名不同地点的乘客。因此，从技术角度来看，UberPool 需要精确地匹配合适地点、合适时间，确保乘客拥有和独自乘坐 Uber 一样的体验，不至于在顺路搭乘其他人的路程中耽误原有乘客的时间。同时，Uber 后台系统需要实时计算拼车的可能路线，完成可能的乘客的匹配。UberPool 跳出了原有的顺风车需要提前预约的规则，通过多人拼车，将车辆的运力发挥到最大。

4. P2P 租车

P2P 有别于传统租车，是为私家车车主提供的平台，帮助他们将自己有意出租的闲置车辆放上租车平台，租车平台进行统一的定价。租客搜索到合适的附近车辆，双方约定租车时间等，完成租赁交易。专车、出租车或顺风车本质是提供一种服务，将有需求的乘客带到指定的地点，而 P2P 租车则涉及实物交割。专车或出租车服务在过去可能存在下线零散的个人"黑车"作为替代品，而租车服务在过去则完全集中于租车公司。为了更好"集客"，方便租车用户提车和还车，租车公司往往需要在线下开设大量的门店。同时，租车公司需要用大量自己购买的车辆，以满足租车需求。与传统下线门店租车不同，P2P 租车利用的是用户闲置的第一辆或者第二辆车。用户的闲置车辆，不仅会占用停车位带来停车费用，车辆也在不断地折旧。P2P 平台帮助有闲置车辆的用户将车辆出租出去，而出租的价格往往低于市场均价。

5. 创新性业务模式

旅游共享出行行业是一个新兴的行业，现在还处于高速创新发展阶段，新的业务模式还有很大的发展空间。

代驾——代驾就是当车主不能自行开车到达目的地时，由专业驾驶人员驾驶车主的车将其送至指定地点并收取一定费用的行为。目前最为普遍的代驾模式是短期的酒后代驾和中长期的旅游代驾，原本车主只能通过朋友介绍或者店铺推荐寻找代驾司机，收费标准不统一，代驾司机素质参差不齐。

货拉拉——现在的打车、专车等服务为用户提供的只是对个人和小件物品的运输服务，受车型等因素限制无法为用户提供大件物品的运输服务。而货拉拉则填补了这一领域的空白。货拉拉上有各种类型面包车、大货车的司机和车辆资源，可以为用户提供包括搬家、大件物品运输等相关服务。

（三）趋势展望

旅游出行共享业务规模和影响范围逐步扩大，参与主体与服务内容将进一步丰富，创新科技水平和管理服务水平将进一步提升。与此同时，旅游出行共享从其诞生起就一直面临来自内外部的问题与挑战。交通分享吸引大量司机进入，其服务能力参差不齐，个别司机"刷单"套取补助现象时有发生，P2P租车也面临着车辆损失甚至被恶意抵押等诚信风险。对此，应该在行业的快速发展与创新中逐步解决不足，在充足人气和快速发展的技术支持、日新月异的迭代创新以及持续升温的资本热捧下市场规模扩张化，未带动用户及覆盖城市的数量必将持续扩张，通过扩大用户基础带动行业规范和自律。同时，应该尽可能地将参与主体多元化，展现出行业更高水平的包容性，吸引更多不同地域和年龄的用户参与其中，欢迎传统出行公司加入交通共享的行列。加大服务内容多样化，进一步扩展维度并延伸服务链，开展停车、加油、洗车、保养、保险等方面衍生服务，进行更多跨界合作与创新。加快运行车辆环保化，使用新能源汽车，努力提升新能源车辆的比例。

第五章　智慧旅游公共服务

第一节　智慧旅游公共服务系统

一、智慧旅游公共服务内涵

智慧旅游在某种意义上可以看作一种新的理念，目的是通过高科技手段实现旅游方式的变革，使最终消费者——旅游者、中间消费者——政府和企业获得最大的效用；同样，旅游公共服务的目的是通过以政府为主、企业和社会组织为辅的团队，为最终消费者——旅游者、中间消费者——政府和企业提供的非营利性和非排他性的便利性的产品和服务。两者目的异曲同工，将"智慧旅游"的理念引入"旅游公共服务"将促使旅游公共服务发生巨大变革，即通过云计算、物联网等高科技手段，以政府为主、企业和社会组织为辅的提供主体，为最终消费者——旅游者、中间消费者——政府和企业提供非营利性和非排他性的便利性的产品和服务。

二、智慧旅游公共服务系统构建

鉴于对智慧旅游公共服务的理解，智慧旅游公共服务系统应该由旅游公共信息服务、旅游基础设施服务、旅游公共安全服务以及旅游行政管理服务等四部分构成，但是每个部分分别扮演着不同的角色。其中，旅游公共信息服务是整个智慧旅游公共服务的中枢系统，是旅游基础设施服务、旅游公共安全服务以及旅游行政管理服务等三类服务的信息沟通渠道，旅游者获取各类公共服务信息的通道，以及旅游公共服务内部联动的链条；旅游基础设施服务是旅游公共服务实现的服务载体;旅游公共安全服务是旅游公共服务提供的服务前提;旅游行政管理服务是旅游公共配套服务提供的服务保障,作为法规、政策等管理性服务对各提供主体提供的各类服务进行监管。这里通过首批国家智慧旅游试点城市在智慧旅游公共服务的旅游公共信息服务层面的实践来总结、归纳旅游公共信息服务、旅游基础设施服务、旅游公共安全服务以及旅游行政管理服务等四个子系统的构成。

另外,由于研究数据以及相关资料获取的限制等原因,所涉及的智慧旅游公共服务主要是指城市范围的旅游公共服务的研究。

三、智慧旅游公共服务相关术语

1. 旅游公共服务

随着研究视角以及实践认知的不断更新,关于旅游公共服务的研究也在不断深入。通过分析众多学者关于旅游公共服务的界定可以发现:在旅游公共服务的提供者方面,学者的认知主要分为三类:第一类,认为供给方是政府部门;第二类,认为供给方是政府和其他社会组织、经济组织,未分主次;第三类,认为政府应成为主要提供者,其他社会、经济组织成为辅助提供者。在旅游公共服务的服务对象方面,学者的认知主要分为三类:第一类,外来旅游者;第二类,全社会;第三类,狭义旅游者,广义包括企业和本地居民。在旅游公共服务的特质和形态方面,第一,在服务"形态"上,绝大多数观点认为是"产品和服务";第二,所有的定义都列出旅游公共服务具有"公益性"这一特征,说明公益性(非营利性)是最显著的,并且获得普遍认可的特质;另外,"共享性"(非排他性)特质也获得大多数观点的认可。

综上所述,旅游公共服务是以政府部门为主,社会、经济组织为辅,为满足旅游者公共需求,而提供的非营利性和非排他性的产品和服务的总称。特别需要指出的是旅游公共服务的对象根据受益程度有广义和狭义之分,广义的服务对象不仅包括最终受益者(潜在旅游者和现实旅游者),还包括中间受益者(旅游公共服务的提供主体,如政府、旅游企业、社会非营利组织等)。各主体不仅在旅游公共服务中提供各自的服务内容,而且也在不断地获得或共享服务;潜在和现实的旅游者不仅包括外地游客的旅游需求,也兼顾本地居民出行的需要。

综合以上分类的共性,分析其差异性,本着无交叉以及全涵盖的分类原则,将旅游公共服务划分为旅游基础设施服务、旅游公共信息服务、旅游公共安全服务以及旅游行政管理服务等四大模块。

2. 云数据库

云数据库(简称"云库")把各种关系型数据库看成一系列简单的二维表,并基于简化版本的结构化查询语言或访问对象进行操作。传统关系型数据库通过提交一个有效的链接字符串即可加入云数据库。云数据库解决了数据集中与共享的问题,剩下的是前端设计、应用逻辑和各种应用层开发资源的问题。使用云数据库的用户不能控制运行着原始数据库的机器,也不必了解它身在何处。

3. 物联网

物联网最初在1999年被提出。国际电信联盟(ITU)发布的互联网报告,对物联网作了如下定义:通过二维码识读设备、射频识别(RFID)装置、红外感应器、全球定位系统和激光扫描器等信息传感设备,按约定的协议,把任何物品与互联网相连接,进行信息交换和通信,以实现智能化识别、定位、跟踪、监控和管理的一种网络。

根据国际电信联盟(ITU)的定义,物联网主要解决物品与物品(Thing to Thing,T2T)、人与物品(Human to Thing,H2T)、人与人(Human to Human,H2H)之间的互联。但是与传统互联网不同的是,H2T是指人利用通用装置与物品之间的连接,从而使得物品连接更加简化,而H2H是指人之间不依赖于PC(个人计算机)而进行的互联。因为互联网并没有考虑到对于任何物品连接的问题,故需要我们使用物联网来解决这个传统意义上的问题。物联网顾名思义就是连接物品的网络,许多学者讨论物联网时,经常会引入M2M的概念,可以解释成为人到人

（Man to Man）、人到机器（Man to Machine）、机器到机器（Machine to Machine），从本质上而言，在人与机器、机器与机器的交互中，大部分是为了实现人与人之间的信息交互。

4. 电子政务系统

电子政务系统是基于互联网技术的面向政府机关内部、其他政府机构、企业以及社会公众的信息服务和信息处理系统。一般而言，政府的主要职能在于经济管理、市场监管、社会管理和公共服务。而电子政务就是要将这四大职能电子化、网络化，利用现代信息技术对政府进行信息化改造，以提高政府部门的行政水平。其中，电子政务有四个突出特点：第一，电子政务使政务工作更有效、更精简；第二，电子政务使政府工作更公开、更透明；第三，电子政务将为企业和居民提供更好的服务；第四，电子政务将重新构造政府、企业、居民之间的关系，使之比以前更加协调，使企业和居民能够更好地参与政府的管理。

5. 移动办公

"移动办公"也可称为"3A 办公"，即办公人员可在任何时间（Anytime）、任何地点（Anywhere）处理与业务相关的任何事情（Anything）。这种全新的办公模式，可以让办公人员摆脱时间和空间的束缚。单位信息可以随时随地通畅地进行交互流动，工作将更加轻松有效，整体运作更加协调。

根据具体应用方式的不同，"移动办公"大致可以分为两种类型：一种需要在掌上终端安装移动信息化客户端软件才能使用；一种则无须装载软件，借助运营商提供的移动化服务就可以直接进行移动化的办公。前一种能实现的功能非常强大，对于掌上终端的要求也较高，一般需要以智能手机为终端载体，通过在公司内部部署一台用于手机和电脑网络信息对接的服务器，使得手机可以和企业的办公系统、财务系统等几乎所有的企业级业务和管理系统联动，其业务主要面向大中型企业和政府部门。由于这类应用的开发具有一定的难度，所以应用相对并不广泛。而后一种方式则能实现一些常规的企业办公功能，如中国移动的中小企业移动办公系统，它不需要企业架构任何服务器，也不需要在手机上安装软件，可以通过租赁中国移动等提供的一站式办公自动化服务，实现包括如"公文流转、日程管理、企业通讯录、手机硬盘、即时通信、企业资讯"等在内的常规企业办公功能。

第二节 智慧旅游公共服务建设体系

一、旅游公共信息服务

旅游公共信息服务是智慧旅游公共服务体系的服务中枢，是实现旅游公共服务的系统整合、全面覆盖、高效及时的关键，是旅游公共服务智慧化程度的重要衡量指标。目的是通过先进的集成技术整合各类旅游公共信息，使游客更加便捷地了解和游览旅游目的地。

该体系主要由信息推送（发布）平台、信息咨询平台、信息反馈平台、技术支撑平台等四大平台构成，信息推送平台主动向游客提供城市旅游目的地的相关信息，而旅游者则可以通过信息咨询平台对城市旅游目的地进行进一步相近的信息了解，在旅游者成行后通过相关的满意度调查与处理即信息反馈平台将改进措施及建议反馈到信息推送平台、信息咨询平台以及技术支撑平台，而技术支撑平台则为信息反馈平台、信息推送平台以及信息咨询平台提供技术支持以及硬件支撑。

1. 信息推送（发布）平台

信息推送（发布）平台是指由旅游目的地主动推送该地相关旅游信息的服务平台，主要由电脑终端信息推送系统、移动终端信息推送系统、LED信息发布系统、电视平台信息推送系统、广播平台信息推送系统以及报刊平台信息推送系统等六大部分构成。其中，电脑终端推送系统是以电脑为终端媒介的信息推送系统,其内容和方式多样,主要由官方资讯网站、在线旅游企业网站以及官方微博等形式构成;移动终端信息推送系统是以手机、平板电脑等为终端媒介的信息推送系统,主要由官方微信、微博、手机短信、手机报、手机视频等形式构成;LED信息发布系统是以公共场所安装的LED屏/触摸屏为终端媒介的推送系统,主要由宣传视频、漫画、新闻报道等形式构成;电视平台信息推送系统是以电视为终端媒介的信息推送系统,主要由宣传视频(宣传片)、广告、电视剧、电影、漫画、新闻报道等形式构成;广播平台信息推送系统是以电台为终端媒介的信息推送系统,由于电台广播在视觉上的限制,所以其信息传播主要以广告和新闻报道为主,关键时刻可以成为重要事件及时传达的工具;报刊平台信息推送系统是以报纸为终端媒介的信息推送系统,主要由广告、新闻报道、漫画等形式构成。

这六大子平台根据游客的不同需求,在信息发布的时候要注意以下三点:第一,注意时效性,并且要做到信息同步更新;第二,注意层次性,要根据不同媒体的特点发送与之相匹配的信息;第三,注意完整性,六大子平台各有其信息发布的特点,但在信息的整合发布时一定要注意信息的完整性,首先要有顶层设计,确定所要发布的全部信息,其次要根据不同平台的特点发布合适的信息,做到系统、全面、有层次地发布信息。

2. 信息咨询平台

信息咨询平台是游客主动咨询相关旅游信息的平台,主要由旅游咨询中心集群信息咨询平台、旅游信息声讯服务系统、电脑终端信息咨询系统、移动终端信息咨询系统等四大部分构成。其中,旅游咨询中心集群信息咨询系统是旅游者在旅游目的地信息咨询的最直接有效的渠道,通过采用多媒体和数字化技术,依托互联网,提供人际交流、网络互动和自助查询等旅游信息咨询服务,主要由旅游咨询中心主中心信息推送系统、分中心信息推送系统、信息亭信息推送系统、触摸屏信息推送系统等部分构成;旅游信息声讯服务系统主要是以声音服务为主,即主要以信息咨询服务热线为主;电脑终端信息咨询系统是以电脑为终端媒介,为游客提供信息咨询服务的平台，主要由网络在线实时咨询、信箱、留言等形式构成；移动终端信息咨询系统是以平板电脑、手机等为终端媒介，为游客提供信息咨询服务的平台，主要由微信实时咨询平台、信箱、留言等形式构成。

信息咨询平台主要依赖电话服务热线，虽然各地基本上已经普遍开通12301旅游服务热线，但同时也有本地自己的旅游服务热线，甚至出现"一地多线"的现象，缺乏整合。但随着旅游业散客时代的到来，市场面临的最大问题就是"整合"，分别是信息的整合和路径的整合，快捷、高效、准确地获取信息才是游客的最终目的，繁多的热线不仅游客不易记，同时信息在传达的时候也会出现由于沟通不畅造成的不一致甚至错乱的现象。另外，电话服务热线的服务模式是信息咨询平台的主要服务模式，模式过于单一，并且，最多只能满足游客的游中咨询需求。但是，随着技术的发展以及游客的需要，应增加电脑终端信息咨询系统和移动终端信息咨询系统，通过三种模式的建设形成一个完整的信息咨询生态系统，满足游客游前、游中、游后咨询的系统需求。同时，在建设的过程中，需要各咨询部门信息的不断更新以及相互之间信息的沟通。因此，在信息咨询平台方面的建设主要集中在三点：第一，旅游服务热线的整合；第二，信息咨询平台模式的创新；第三，信息的不断更新与完善。

3. 信息反馈平台

信息反馈平台主要是信息推送与咨询效果的反馈，旨在对旅游目的地的信息发布、咨询、导览等方面的服务进行不断改进，主要由信息服务有效性监测系统、信息服务有效性评估系统以及信息服务有效性反馈系统等三部分构成。其中，信息服务有效性监测系统主要是对信息推送和咨询层面信息有效性的监测，主要由信息后台管理系统、游客满意度调查机制（游客满意度点评系统）、游客投诉信息收集等部分构成；信息服务有效性评估系统是对信息服务有效性监测系统的监测数据进行统计、分析与评估；信息服务有效性反馈系统主要是将信息服务有效性评估系统所得的评估结果反馈到信息推送平台以及信息咨询平台。

信息反馈平台是旅游目的地各方面改进更新的一个重要的依据，旅游目的地要想实现旅游的可持续发展，游客意见是一个不可忽视的重要环节。随着旅游者的成熟，他们逐渐变得愿意分享游后的心得体会，旅游公共管理者可借此契机进行信息推送与咨询的有效性监测，并将结果再反馈给信息推送平台和咨询平台，从而形成一个良性的生态系统，最终实现信息发布、提供的高效性与精确性。

4. 技术支撑平台

技术支撑平台是指智慧服务过程中的技术、数据等方面的智力支持，主要由智慧旅游云数据库、智慧旅游物联网平台以及信息网络基础设施平台等三方面构成。其中，智慧旅游云数据库建设是指包含各类旅游基础信息的基础数据库，主要涉及食、住、行、游、购、娱等各方面的数据；智慧旅游物联网平台主要是利用局部网络或互联网等通信技术把传感器、控制器、机器、人员和物等通过新的方式连在一起，形成人与物、物与物相连，实现信息化、远程管理控制和智能化的网络，主要由RFID、传感网、M2M（机器对机器）等部分构成；信息网络基础设施平台是智慧旅游发展的基础环境，主要由云计算平台、信息基础设施集约化建设平台、政务信息资源交换共享平台、信息安全平台等构成。

智慧旅游时代的旅游公共服务不再单单是人工服务，而更多的是运用高科技手段，通过各种高科技设备提供服务。技术支撑平台是智慧服务过程中技术、数据等方面的智力支持；各旅游目的地也在不断地构建各种类型的技术支撑平台，但是由于没有统一的技术指导及顶层设计，技术支撑平台的建设杂乱无章，并不能满足支撑整个智慧旅游公共服务生态系统的需要。因此技术支撑平台的建设，应该注意智慧旅游云数据库、智慧旅游物联网平台以及信息网络基础设施平台等三大子平台的系统构建，形成一个系统的支撑平台，有效保证前台的运营。

二、旅游基础设施服务

旅游基础设施服务是智慧旅游公共服务体系的服务载体，是旅游者关于智慧旅游公共服务最直接的接触体验点，旅游基础设施服务的质量将直接影响旅游者对旅游目的地旅游公共服务整体水平的认知。

该体系主要由游憩服务平台和交通服务平台两大平台构成，旅游者通过交通服务平台这个载体媒介到达城市旅游目的地，并享受目的地智慧旅游公共服务提供的便捷的游憩服务，最后旅游者再次借由交通服务平台的载体从目的地返回到居住地。

1. 游憩服务平台

游憩服务平台以为旅游者与当地居民谋取更多福利为宗旨，推动社会推出更多的旅游惠民服务，主要由公共设施服务系统、无障碍导引系统、便捷支付系统以及公共休闲场所（设施）智能建设（管理）系统等四部分构成。其中，公共设施服务系统主要是满足旅游者和公民旅游日常需要的设施服务，主要由邮政、金融、医疗、无障碍、环卫等部分构成；无障碍导引系统主要是智能引导旅游者自主满足食、住、行、游、购、娱等层面的需求，主要由手机客户端和城市自助导览系统构成，手机客户端主要用于食、住、游、购、娱的导览，城市自助导览系统主要用于以"行"（徒步）为主的导览；便捷支付系统是旅游者实现便捷消费支付的平台，主要由无障碍刷卡系统和在线支付系统构成；公共休闲设施智能管理系统是对公共游憩区、特色街区、游览观光步道、开放式景区等公共景观和游览设施的管理，是为旅游者和当地居民提供更加便利的游憩环境。

对于游憩服务平台，其中的便捷支付系统应该是一个银行、景区、旅行社、酒店、纪念品商店等旅游目的地各个系统互联的便捷支付系统，旨在使游客的支付更加便捷。但是，随着各大旅游目的地"旅游卡"项目的竞相启动，各地旅游卡泛滥，如果旅游者购买的话会出现多地旅游要购买多地旅游卡的现象，不仅没有便捷感而且无形中增加旅游者的负担。因此，在旅游卡推进的过程中应该学习12301旅游服务热线的推行模式，进行全国的旅游卡整合，做成品牌，真正做到"一卡通"；同时，扩展与完善各类型旅游服务商的在线支付系统，实现真正的便捷与智慧。

2. 交通服务平台

交通服务平台主要由旅游交通信息服务系统、交通管理系统、旅游集散中心服务系统、公共交通系统以及自驾车服务系统等五部分构成。其中，旅游交通信息服务系统是一个交通地理信息的交换与共享平台，提供地图浏览、快速定位、图层管理、信息查询、数据编辑、辅助工具、空间分析、报表定制、图形输出、数据交换、数据管理、专题统计分析、三维仿真以及屏幕自动取词、地图服务、系统管理等功能，主要为各级交通信息需求者提供各种地理信息服务，通过交通地理信息服务平台建设，有效地整合了公路、航道、港口、场站、铁路和机场等交通地理信息资源，建设了统一、共享的交通地理信息数据库和地理信息服务平台，实现了交通地理信息资源共享和集中管理；交通管理系统通过先进的监测、控制和信息处理等子系统，向交通管理部门和驾驶员提供对道路交通流进行实时疏导、控制和对突发事件应急反应的功能；旅游集散中心服务系统根据游客需要和旅游景区的分布及品位，推进合理建设包括集散中心、集散分中心、集散点组成的集散中心体系，逐步完善旅游集散换乘、旅游信息咨询、票务预订、行程讲解等多种功能，逐步实现航空港、火车站、汽车站、码头、地铁、集散中心站点、主要景区的无缝对接，加强各旅游城镇集散中心间的横向联系，推动联网售票、异地订票，实现区域化、网络化运营；公共交通系统主要目的是采用各种智能技术促进公共运输业的发展，使公交系统实现安全便捷、经济、运量大的目标，如通过个人计算机、闭路电视等向公众就出行方式和事件、路线及车次选择等提供咨询，在公交车站通过显示器向候车者提供车辆的实时运行信息，在公交车辆管理中心，可以根据车辆的实时状态合理安排发车、收车等计划，提高工作效率和服务质量，其主要包括智能公交系统、智能地铁系统以及旅游观光巴士运行系统等；自驾车服务系统主要是为自驾车游客服务的系统，主要包括旅游交通引导标识系统、智能停车场服务系统（预报车位、智能引导停车、智能收费等）、自驾车服务区系统、电子收费系统和交通紧急救援系统等。

三、旅游公共安全服务

旅游公共安全服务是旅游公共服务实现的前提，任何安全事故的出现都可能影响该地区甚至是整个国家的旅游发展走势，因此，打造牢固的旅游公共安全服务体系是旅游目的地发展旅游的重要前提和保证。

该体系主要由智慧旅游安全监测平台、智慧旅游安全管理平台、智慧旅游安全监督平台等三个部分构成，智慧旅游安全监测平台为智慧旅游安全管理平台提供平台监测信息，智慧旅游安全管理平台负责处理智慧旅游安全监测平台报送的相关安全问题，智慧旅游安全监督平台则主要协作发现相关安全问题以及智慧旅游安全监测平台和智慧旅游安全管理平台在相关方面存在的漏洞和问题，并将发现的各项安全问题及时反馈到智慧旅游安全监测平台和智慧旅游安全管理平台，从而形成一个良性的安全环境保障平台，为旅游者提供一个安全的旅游环境。

1. 智慧旅游安全监测平台

智慧旅游安全监测平台是通过摄像机、RFID技术等传感器监测感知自然、社会环境中存在的风险因素，通过风险评估系统对风险的程度及可能造成的威胁进行评判与预估，并根据风险的等级进行预警，主要由旅游风险监控系统、旅游风险评估系统以及旅游风险预警系统等三部分构成。其中，旅游风险监控系统主要是通过各种传感器对自然、社会等环境进行监控，包括旅游气象服务系统、公共场所安全监控系统等部分；旅游风险评估系统主要是对旅游风险监控系统下所捕捉到的风险因素进行风险等级的评判与预估；旅游风险预警系统则主要是根据旅游风险评估系统对风险的评判进行分等级的预警。

2. 智慧旅游安全管理平台

智慧旅游安全管理平台主要是针对旅游安全事故以及旅游风险预警系统的预警级别进行快速反应，解决安全问题的平台系统，主要由普通与电子协作执法系统、突发事件应急处理系统以及旅游保险系统等三部分构成。其中，普通与电子协作执法系统是指通过日常执法与移动终端随时执法相结合的安全管理系统，一旦出现安全隐患则触发风险预警系统，当发生安全问题则触发旅游协作执法系统，从而高效地处理情况，保证一个安全的旅游环境；突发事件应急处理系统主要是针对旅游过程中出现的自然、社会等方面的突发事件而进行的快速反应处理系统，包括应急指挥调度系统和应急救援系统等；旅游保险系统是旅游安全的重要保障，政府应推动保险机构开发针对旅游饭店、景区等旅游经营主体的责任保险及游客的意外伤害、行程取消、行程延误、财物丢失、医疗救助等个人保险示范产品，并采取在线、实体等形式向旅游者提供。

3. 智慧旅游安全监督平台

智慧旅游安全监督平台旨在通过发挥各个层面人员的力量对旅游目的地各个方面的安全生产、安全隐患进行监管，形成一个全方位的安全监管体系，尽量降低安全问题产生的可能性，从而减少旅游者在旅游过程中的风险。智慧旅游安全监管平台主要由新闻媒体安全监管系统、从业人员安全监管系统以及游客安全监管系统等三部分构成。其中，新闻媒体安全监管系统旨在发挥媒体的力量，尽可能多地曝光各类安全问题，为旅游管理者解决安全隐患提供重要的信息；从业人员是旅游生产最直接的参与者，参与监督将是最直接、最有效的，有助于从源头上消灭安全隐患；游客安全监管系统的建立旨在希望游客从其游览者的视角感受其自身可能受到的安全威胁，从而更加精确地找到风险源。

四、旅游行政管理服务

旅游行政管理主要是后台运作系统，旨在为旅游者提供一个健康、有序的旅游环境。旅游行政管理的成熟度将直接影响前台服务系统（包括旅游公共信息服务、旅游基础设施服务），是前台服务系统有序运行的重要保障，并将间接影响旅游目的地旅游业的可持续发展。

该体系主要由智慧旅游政务管理平台、智慧旅游行业管理平台以及智慧旅游营销管理平台等三大平台系统构成，智慧旅游营销管理平台针对旅游者进行城市营销，主动向旅游者宣传城市目的地，而智慧旅游政务管理平台和智慧旅游行业管理平台的有序运行则是各个部门为旅游者提供各项服务的保障，另外，智慧旅游政务管理平台的有效运行是智慧旅游营销管理平台和智慧旅游行业管理平台有效运行的前提和保证，同时智慧旅游行业管理平台的有效运行也是智慧旅游营销管理平台有效运行的前提和保障。

1. 智慧旅游政务管理平台

智慧旅游政务管理平台是指以高科技手段为依托，实现旅游公共服务的主要提供者——政府的在线办公，但是这里所指的"在线办公"不仅是案头工作的网络化转移，而且是指通过科技手段建立一个网络大楼，实现各部门、各层级的高效互动，提高办事效率，主要由自动化办公系统（包括电子政务系统和协同办公系统）、移动办公系统等两方面构成；这两个系统的无缝衔接，使随时随地办公成为可能，两者所涉及的政务内容一致，并且应该同步更新，内容涵盖工作的各大子系统，如政务信息交换共享系统、人事管理系统、内部信息系统、会议管理系统等。

2. 智慧旅游行业管理平台

智慧旅游行业管理平台是指以高科技手段为依托，实现政府对各行业的在线管理，主要由智慧旅游行业运营监管系统、行业旅游信息报送系统、行业旅游服务质量评估系统、游客流量动态监测系统以及黄金周智慧旅游管理系统等五部分构成。其中，智慧旅游行业运营监管系统涉及旅游景区、旅行社、旅游饭店等各大业态（公司、员工及相关设施）的正常运行监管、舆情监控、数据分析以及诚信监管等；行业旅游信息报送系统包括旅行社业、旅游饭店业、旅游景区业等相关业态的信息填报系统；行业旅游服务质量评估系统是指对各个相关业态对客服务质量的测评，对于整顿旅游市场，实现旅游业的可持续发展意义重大；游客流量动态监测系统是为了提供高质量的服务，主要是通过高科技手段获取游客流量信息，并将信息传达给各个业态，以备各业态提前做好人力、物力等方面的接待准备，为游客提供一个高质量的旅游经历；黄金周智慧旅游管理系统是一个特殊的智慧管理系统，由于黄金周的特殊性，无论是出于统计的需要还是安全的考量，都有必要为黄金周设置一个独立系统，该系统主要由黄金周行业信息报送系统、黄金周客流量监控与预报系统、黄金周旅游安全监控系统以及黄金周突发事件应急系统等四个方面构成，从而保证黄金周期间旅游业各行业的正常运行，避免发生游客滞留现象等不良问题。

3. 智慧旅游营销管理平台

智慧旅游营销管理平台主要包含全媒体旅游营销系统、自媒体旅游营销系统、旅游营销效果检测系统等三大系统。其中，全媒体旅游营销系统是指构建一个旅游目的地推广信息传播，采用文字、声音、影像、动画、网页等多媒体表现手段，利用广播、电视、音像、电影、出版、报纸、杂志、网站等不同媒介形态，通过融合的广电网络、电信网络以及互联网络进行传播，最终实现用户以电视、电脑、手机等多种终端均可完成旅游目的地信息的融合接收，实现任何人、任何时间、任何地点，以任何终端推广任何想要推广的旅游目的地信息。在全媒体旅游营销系统的建设过程中要注意：第一，充分利用不同传播媒介的特点进行相关营销信息的设置与传播，以达到事半功倍的效果；第二，要针对性营销，不同的游客群体的旅游需求不同，其营销应该在云数据系统的基础上将顾客群体分类，实行针对性营销。自媒体旅游营销系统的提出是源于随着信息技术的发展，更多的人乐于在网络社区分享旅途感受与见闻，这也成为旅游目的地营销的一大领域。自媒体又称公民媒体或个人媒体，是指私人化、平民化、普泛化、自主化的传播者，以现代化、电子化的手段，向不特定的大多数或者特定的个人传递规范性及非规范性信息的新媒体的总称，自媒体的系统包括博客、微博、微信、百度官方贴吧、论坛/BBS等个人门户，其有以下三点优势：第一，这些个人门户不仅具有信息发布功能，其个性化聚合功能还能够精确并即时地获取信息，从而构成一条双向的即时信息通道，这种通道的存在有利于培养更加广大的信息受众，从而支持其更加旺盛的信息表达诉求；第二，个人门户能够将信息挖掘和智能推送结合在一起，从而通过一种用户乐于接受的方式推动自媒体的传播；第三，个人门户建立的社区生态系统加强了用户之间的联系纽带，使得信息的发布者与接收者的沟通更加紧密，联系也更加稳固。因此，旅游目的地应该充分利用自媒体这一强大的旅游营销系统，开展针对性营销以及口碑营销。营销效果检测系统的提出是因为营销的过程并不仅仅指营销这一件事情，它应该是一个反馈系统。全媒体旅游营销系统和自媒体旅游营销系统的效果需要通过营销效果检测系统来测评，通过测评结果来适时地调整营销策略、手段及方式等，以便达到最佳的营销效果。同时，由于信息技术的日新月异、人们需求的不断变化，一成不变的营销方式将远远不能满足营销需求。因此，营销效果检测系统是整个智慧营销体系至关重要的一个构成部分。

第六章　智慧旅游营销

第一节　智慧旅游消费行为分析

随着物联网、云计算、移动互联网等新一代信息技术的应用,旅游信息化开始步入"智慧旅游"时代,网络成为旅游者获取旅游信息的重要渠道,旅游者的消费行为也发生了变化,旅游者在旅游时表现得更加自主化、个性化和多样化,旅游市场营销也需要做出相应的改变才能保证营销目标更好地实现。因此,智慧营销成为旅游企业创新营销渠道的必然选择。

旅游消费者是旅游营销活动的主要对象,一切营销活动的开展需以旅游消费者为中心,才能避免营销工作的盲目性。在智慧旅游时代,受互联网的影响,旅游消费行为出现了与以往不同的模式和特征。在旅游需求不断个性化的今天,只有了解智慧旅游对旅游消费的影响和游客消费行为特征,才能获得更显著的营销效果。

一、智慧旅游对游客消费行为的影响

近年来,随着移动互联网、物联网、大数据、云计算等技术在旅游行业的深入应用,新的旅游出行方式、体验方式和服务方式不断出现,这给传统的旅游业带来了革命性的变革,智慧旅游也随着时代的发展应运而生。智慧旅游时代的来临也必然会对游客的消费行为产生巨大的影响。

(一)游客消费行为

世界旅游组织对旅游消费的定义:旅游消费是指由旅游单位(游客)使用或为他们而生产的产品和服务的价值。旅游消费行为是个体在收集有关旅游产品的

信息进行决策和在购买、消费、评估、处理旅游产品时的行为表现。

谷明从经济学的角度结合旅游者心理、经济支持、社会体验等多角度分析了旅游者消费行为模型，研究我国旅游者消费模式与行为特征，发现旅游者消费遵循效用最大化消费模式；在文化维度上，旅游以审美和愉悦为指向目标的行为，表现为审美需要（包括审美态度、审美注意）、审美动机（包括审美期望）、审美体验（包括知觉、想象、理解、情感）以及审美思考。

梁春香运用心理学测量算法，提出旅游动机模式为：对某旅游对象的旅游动机 =f(旅游对象的形象 / 对旅游对象所持的心理距离）,旅游动机与旅游形象成正比关系，与心理（物理 / 地理）距离成反比关系，并分析影响旅游动机的两个重要参量：旅游形象的好坏取决于这一旅游对象所具有的特性在多大程度上满足旅游者的欲望和需求，以及由于地理、政治、经济、宣传、旅游设施、社会治安等因素影响下的心理距离。

郭亚军等根据中国人民大学的国民生活课题组进行的"旅游度假者动机测定表"得出三个结论，包括：一是旅游地选择偏好来源于旅游动机的特征及其变化；二是对旅游大动机的分析应该集中在社会因子、放松因子、知识因子和技能因子四个方面以及相关的小动机上；三是特定时间发生的旅游行为，旅游动机是恒定，旅游偏好将影响旅游者的具体决策行为。

（二）智慧旅游背景下游客消费行为模式

在智慧旅游背景下，信息技术的支持给消费者的购买决策带来了新的变化，旅游消费者购买旅游产品的消费模式具体可归结为以下 6 点。

1. 认识旅游需求

近年来，随着居民收入水平的提高、国家法定假日的增多、社会基础设施的完善，我国旅游市场呈现迅猛发展的势头，消费者追求多样化及个性化旅游产品的时代已经到来。旅游消费过程始于认知旅游需要。旅游需要的引发往往是旅游者内部驱动和旅游企业或目的地营销机构外部刺激共同作用的结果。在传统旅游中，旅游消费者对旅游需求的认知通常是主动产生的，主要是为了消除日常工作造成的紧张情绪、娱乐游玩、开阔视野、在游玩中增进与亲朋的感情，这是对购买旅游产品的认识问题阶段。在智慧旅游背景下，外部刺激主要来自两个方面：一是旅游网站的营销刺激；二是社会参照群体的刺激。前者表现为由旅游供应商网站、旅游中间商网站、旅游目的地网站以及门户网站旅游频道等构成的旅游网络促销平台上发布的宣传文字、景点图片、折扣信息、视频短片等，后者表现为由博客、播客、社区和论坛等虚拟空间构成的旅游社会性网络上旅游者发布的文章、照片、视频和音频文件等。借助智能推荐技术、智能搜索技术等，这两类外部刺激会变得更有针对性、更有引领性。

2. 信息的搜集

在传统旅游模式中，消费者搜集相关旅游产品信息的主要途径包括旅行社、亲戚朋友、相关旅游网站的介绍等。随着智慧旅游时代的到来，旅游消费者搜集相关旅游产品信息的途径不仅仅局限于旅行社、亲朋以及相关旅游网站的介绍，在大数据背景下，可供旅游消费者搜集到的信息呈现爆炸性增长，这为消费者搜集旅游产品相关信息提供了极大的便利。

3. 设计个性化的旅游产品

智慧旅游的相关旅游信息是在现有旅游资源的基础上形成旅游信息数据库，该数据库包括各种旅游信息的模块，诸如景区景点解说、购票实时信息、旅游设施的预订及使用情况等。旅游消费者可以在相关网络信息技术的支持下，通过手机等便携的网络终端设备，利用现有的模块化的旅游信息，方便、快捷、随心所欲地规划和设计自己的旅游行程，为自己量身定制个性化的旅游产品。模块化的数据使不同消费者需求的满足变得简单可行，为旅游消费者对产品的自主化设计提供了极大的发挥空间，消费者可以定制自己开发的、适合自己需要的个性化旅游产品，智慧旅游的个性化服务充分展现。

4. 购买决策的调整

游客需要决策的问题除了是否出游、选择哪个旅游目的地、选择单项旅游产品还是组合旅游产品、选择哪些旅游服务供应商之外，还要对购买方式做决策，如在线预订还是网下预订，在线支付还是网下支付等。在智慧旅游背景下，游客做出购买决策，除了会考虑现实环境中自身的经济状况、闲暇时间等因素，还会参考虚拟的各种旅游新媒体中其他游客的旅游消费体验和服务质量评价，当然游客自身对网络信息服务质量的感知效果尤为重要的考虑因素。因此，游客的购买决策对网络与新媒体产生了更多依赖感。

5. 旅游体验和计划的调整

旅游即是一种体验活动。旅游消费者需求的不是旅游产品本身，而是一种伴随旅游产品的消费所带来的独特的经历或感受。智慧旅游为旅游消费者积极主动地参与旅游产品的设计提供了可能，通过旅游消费者参与到旅游目的地当地居民的衣食起居活动而增加了旅游体验的互动性。传统旅游中旅游消费者在购买既定旅游产品后，只能按照既定的行程实施旅游计划，而智慧旅游中，旅游消费者可以通过互联网、手机等终端设备，结合智慧旅游提供的云计算等各种智能计算技术，随时感知与整合各类信息，根据需要可以随时调整行程，实现旅游智能化的决策、控制和个性化服务。

6. 旅游评价和分享收获

在智慧旅游背景下，游客在旅游评价方面最大的变化是即时性，一边旅游一边通过微信、微博等网络渠道传播自己的感受、心情与体会。这些反馈信息最终通过搜索引擎的映射链接，被其他游客搜索并作为其购买决策的指导。这种评价的即时性无疑给旅游企业、景区管理者带来了巨大挑战，使其务必更好地坚持顾客导向，为每一名游客提供最好的服务。智慧旅游使游客对旅游体验分享的方式和手段多样化，如通过在目的地拍摄的照片记录自己的游览路线，并添加游记分享于各种社交网络平台；可以将照片与 Google 地图上的空间位移进行关联并与朋友分享。当这些网络好友分享到这些旅游体验后,一般都会做出相应评价,甚至会转发给其他好友。因此,旅游营销者必须高度重视这种分享的网络互动性,充分发挥电子口碑营销作用,树立并提升形象。

二、智慧旅游时代游客消费行为特征

互联网技术深刻影响旅游业,智慧旅游是旅游业发展的必然选择。在过去,游客的出行主要依靠旅行社,出行方式、出行时间、游览线路都有相对的固定模式。这是因为当时信息不对称。现在,我们出行依靠互联网,特别是移动互联网。旅游产品可以依托互联网由部分要素供应商提供,催生了自助游。线上预订、分享、投诉、查询等都可以通过互联网实现,这也是互联网时代的旅游需求。

旅游业凭借互联网的便利性、广泛分布性、资讯丰富性、创新性等特点,使智慧旅游时代的旅游消费者获取信息的渠道更广,并且使旅游者购买旅游产品更加便捷。相对于传统的营销模式,旅游消费者在智慧旅游时代表现出个性化、独立性、便捷性和分享性等特征。

(一)个性化

智慧旅游时代旅游消费者最突出的特征就是个性化。传统旅游产品的设计是以旅游中间商为主,旅游中间商确定了旅游线路、乘坐的交通工具、旅游景点的选择等,提供的主要是固定产品的包价服务。如果旅游者有不同的旅游需求,只能接受旅游中间商提供的模块化的旅游产品。智慧旅游时代,随着互联网的普及和电子商务的发展,为旅游者个性化的需求提供了一个巨大而自由的空间。凭借先进的网络平台做支撑,旅游者可以定制适合自己的机票、旅游线路、宾馆等产品,将自身独特的旅游需求传达给旅游供应商,享受个性化的旅游体验。

(二)独立性

随着个性化时代的到来,智慧旅游需求明显朝着个性化方向发展,旅游者的消费特征越发地呈现独立性。旅游在本质上讲求的就是旅游者追求一种愉悦、求知的心路历程和独特的体验。这种体验和经历完全是受个人主观上的感受。智慧旅游时代，互联网给旅游者提供了彰显个性的绝佳平台：功能强大的搜索引擎、巨大的信息资源库、丰富多彩的表现手段、自由舒畅的沟通交流渠道等，在任何时间，只要手指轻触鼠标或屏幕，就可以轻松得到自己想要的信息和产品。

（三）便捷性

在传统的旅游消费时代，旅游者选择旅游产品往往需要花费大量的时间和精力。而在当今快节奏的时代，人们越来越重视时间和成本，因此消费者更讲求便捷性。网络可以使旅游消费者迅速获得大量信息，且可以货比三家，同时凭借电子商务的发展在网上实现便捷地预订和支付，省去不必要的麻烦，提高选择和购买的效率。

（四）分享性

智慧旅游时代，旅游消费者凭借互联网这个有效平台，不仅可以获得需要的旅游信息，还可以主动发布信息和分享经验。消费者根据自己的社交网络和兴趣爱好聚集在网络虚拟社区，当完成一次旅游之后，会通过社交网络媒体分享给大家，通过互动交流将美好的旅游体验和糟糕的旅游经历影响扩大，通过口碑传播给更多的潜在的旅游消费者。分享性的突出表现是口碑在消费决策中的地位越来越重要，因此口碑营销在旅游营销中也逐渐成为一种主要的营销手段。

第二节　智慧旅游营销渠道创新

智慧旅游时代，互联网的存在，使信息的交换和处理变得高效和便捷，与传统营销渠道相比，智慧旅游营销比传统营销更具优势。智慧旅游营销，是相对于传统意义上的目的地营销提出的，主要是指基于网络信息技术，利用新媒体作为营销载体而开展的目的地营销活动。在旅游目的地的智慧营销中，旅游者既是信息的接收者同时又是信息的生产者，单向交流变成互动性更强的双向沟通。从目前来看，智慧旅游营销渠道的创新主要包括以下六种。

一、虚拟旅游体验营销

依托于虚拟现实技术和信息技术发展起来的虚拟旅游，是旅游业的一次科技革命，具有超时空性、交互性、高技术性、经济性、多感受性等特征，是现代旅游服务营销中亟须的新手段，目前主要用于旅游景区、饭店、会展的营销中。20 世纪 90 年代中后期，Williams and Hobson 首次指出虚拟现实技术必然对旅游业产生影响，旅游业将步入一个新的信息时代，这个信息旅游时代也可称为"虚拟旅游时代"，随着"虚拟旅游"的出现，"虚拟旅游体验"随之产生。虚拟旅游体验是指在虚拟现实系统中进行旅游体验的一种全新的体验模式。实现这一过程只需要通过计算机来创建一个逼真的、可交互的虚拟旅游环境，就可轻松地实现旅游体验的大部分功能和内容。它建立在现实旅游景观的基础上，通过模拟现实景观，构建一个虚拟旅游环境，使旅游者能够身临其境般进行虚拟旅游活动。就目前国内的发展状况而言，大多集中在提供旅游景点相关知识和信息的服务上，可能是文字、图形、录像等方式，而通过虚拟现实的多种可视化方式形成逼真的虚拟现实景区，让体验者获得感性、理性等全方位享受的应用还处于起步阶段。

通过虚拟旅游，旅游者不仅能游览景点，还能扮演角色，体验到现实中所没有的成就感。北京故宫博物院与 IBM 公司合作推出了"穿越时空的紫禁城"的虚拟旅游项目。它为网络游客提供了超越时空的、实时在线的、互动的三维体验。项目的目标是以先进的科技、精彩的内容和具有创意的交互方式将中华文化的精华呈现给世界。游客参观虚拟的紫禁城时，可以以一种自己喜欢的身份进行游览，如公主、将军、侍卫等，感受穿越时空的历史文化。游客每到一处，导游都会对重要的文物或建筑加以说明，游客还能查看文物的细部特征。

现代人由于各种各样的原因开始崇尚旅游生活。在现实体验的准备阶段，他们因为解除紧张，充实和发现自我的成就或是社会交往的动机，在假期临近时盘算着是要跟团还是要自助，以及旅途线路、景点的逗留时间、往返车票的预订、住宿安排等。当然，还要根据自己的经济实力初步决定这趟旅程的可行性。这个过程是不能缺少的,却又费时费力。而在虚拟体验中,这些过程全部被省略。只要是想放松了,打开电脑随时随地就可以到自己想要去的地方,极大地提高体验的效率和质量,省去准备阶段的烦琐。在现实体验的实施阶段,好不容易盼来出行的那一刻,又不堪忍受景区里的摩肩接踵,没完没了地排队,也没法抗拒天气突然的变化等临时因素的影响。而在虚拟体验阶段则完全不用担心这些,它更强调视觉的参与和精神的旅行。虚拟体验系统一般包括解说(体验者每到一处景点获得相关讲解的清晰、详细和趣味程度)、场景(体验者在系统中视觉感受的景点、环境布置的逼真程度)、操作(体验者通过各种外接设备获得身临其境的感觉的便捷程度)三大部分。虚拟游客借助系统的导航模块和电子导游系统,可以循着系统预先制定的线路漫游,也可以根据自己的爱好自选线路观光,还可以随时停下去查阅更多的相关知识。他们不仅能通过显示器对旅游景观做外部的、静态的观察,而且能通过人的视觉、听觉、触觉、嗅觉,以及形体、手势或口令,参与到信息处理环境中,而获得实地旅游的身临其境的体验,甚至可以梦回千年,去看看完全未遭破坏时的原生态景观,或是体会那历史的气息。在现实旅游过程中,我们往往是在购买的同时发生消费,没有足够的冷静考虑的时间,事后也没有很多机会去对这一过程中得到的服务进行评价。因而,后悔的情绪常常伴随到最后,其间的满意或是不满意都没有反映到相关部门,企业因此错过了在处理投诉意见中反观自身不足的契机,降低了维护老客户的可能性,这显然不利于旅游行业的可持续发展。虚拟旅游则可以利用虚拟社区这一成熟的网络工具,促进企业与客户的交流,通过向其提供有针对性的、细致入微客户服务,努力培养忠诚客户群。从马斯洛的需求层次理论角度分析,旅游是高层次的需求,是一种情感的归属。人们通过这一围绕旅游生活而形成的互联网生活空间可以宣泄不良情绪,加深美好回忆,最终控制所有负面情绪,让旅游真正成为一个良性的循环系统。

二、旅游电子商务营销

旅游业是一个庞大而又细致的系统,包含交通运输业(陆海空)、旅游中介、旅行社、酒店（住宿餐饮）、旅游景点等领域，在互联网经济迅猛发展的今天，众多旅游企业加入电子营销的行列。在传统营销理论的基础和经验上，旅游电子商务营销模式呈现多样化发展。旅游电子商务营销具有良好的理论基础和实践经验，发展前景广阔。

旅游产品作为一种特殊的服务产品，具有生产消费同步、远距离异地消费、消费者不易对产品预先感知等特性，这些都使其成为较适宜于网上查询、浏览、购买的产品类型之一。例如，旅行社最核心的业务流程就是信息处理过程，旅行社需要的是收集外部的信息资源——客户信息、服务信息，并且将外部的信息资源转换成为内部信息资源，以及不断地加工、开发和利用信息资源获得相应的信息附加值。因此，电子商务非常适合运用于旅游业，并推动旅游业的创新和发展。21世纪初，电子商务旅游网站如雨后春笋般不断涌现出来。如大型的专业旅游网站有金旅雅途、青旅在线、广之旅的"中国旅行热线"和四川神州旅行社的"梦之旅"等，同时还有各大综合网站的附属的旅游频道，如新浪、搜狐和天府热线等。现在旅游消费者足不出户，就可完成旅游预订活动。餐饮旅游网站不只是传统意义上的网站，更是集各种服务于一体的公共服务平台。在长三角地区，几乎每座城市都有自己的官方餐饮网站，公众通过这一平台可以享受旅游主管部门和餐饮企业提供旅游的一系列服务，针对公众的不同需求，提供分类服务。很多旅游景区有自己的官方网站，并且网页制作质量很高。

国内旅游市场在受互联网多年影响之后，已经正式进入旅游电子商务时代。BAT（百度、阿里巴巴、腾讯）在内的互联网巨头也看到了这一市场的发展前景，纷纷发力布局在线旅游业。百度旗下拥有去哪儿、百度旅游；阿里旗下拥有阿里旅行（去啊）、穷游网、在路上、美团网（酒店团购）等；腾讯拥有艺龙、同程、QQ旅游。携程入股同程和途牛，投资并购线下旅游产业等。大型综合电商京东商城、苏宁易购、1号店等也纷纷开通在线旅游频道；美团、58同城的酒店团购或日租业务，马蜂窝、驴妈妈等旅游攻略频道的业务扩展以及Touch China、面包旅行、在路上等旅游App的异军突起。自助游、机票、酒店等格局稳定，出境游和周边游大热。各种数据以及案例均已显示出旅游电子商务市场的规模日益庞大。

总之，电子商务网络营销是一种新兴的营销方式，其成本低，为独立经销商进入世界市场提供道路。它的发展并非一定要取代传统的方式，但它将创新重组营销渠道，使营销渠道多元化。多元营销渠道策略，将传统营销渠道与网络营销渠道紧密地结合，可建立最大的顾客接触，这不仅能扩大市场占有率，还能创造出许多意想不到的新需求。面对复杂国际环境下中国入境游客数量的下降，国家文化和旅游部正大力开展国外营销推广。倾力打造的中国海外推广网上线，初步实现了集旅游资讯发布、旅游产品推介、品牌推广传播、游客搜索互动四大功能于一身，智能手机、平板电脑等移动用户终端同期上线，成为全球游客了解中国、感知中国的重要渠道和树立良好中国旅游整体形象乃至国家形象的重要窗口。各省市应借鉴中国海外推广网建设模式，并将本地的资讯网站融入国家海外推广网站中去，为大力推广地方特色旅游、树立良好的品牌形象做坚实的后盾。借势中国"智慧旅游年"，亦是推进区域旅游产品转型升级的良好时机。

三、社区营销

网络社区营销是在互联网发展的基础上，人们利用互联网构建的一个由共同兴趣爱好的成员组成的社区，实现成员相互沟通的目的，企业利用社区进行营销的方式。社区成员一般有着类似的消费心理、行为和价值取向，有利于企业对他们进行团体营销，节省了企业的营销费用。目的地网络营销采取的社区营销方式主要有点评网站、即时通信、SNS（社会性网络服务）社交网站等。

（一）点评网站

点评网站主要是由专家、同行或消费者对企业提供的产品和服务进行评价，评论的形式有编辑点评、视频图片展示以及用户使用体会等，这些评价不仅包括赞美也包括不足之处，用户推荐和网民的意见对潜在消费者决定购买产品起着至关重要的作用。企业在实施点评网站营销时，要关注与企业提供的产品相关的点评网站，深入网站社区，认真倾听网民的意见和想法，通过与网民的交流，消除企业的负面形象，使得点评网站成为企业产品的推广者而不是阻碍者。

（二）即时通信

即时通信在中国目前已经度过萌芽期，进入快速发展阶段，手机即时通信在网络生活中的地位就相当于电话在人们日常沟通交流的作用，在互联网众多产物中，即时通信工具是用户接受程度最高的产物之一，在即时通信工具向人们工作和生活渗透的同时，也为企业进行网络营销提供了契机。即时通信营销的优点包括：成本低、沟通性好、受众广。这种营销方式以较少成本扩大了企业营销的对象，增加了企业营销成功的概率。

（三）SNS社交网站

SNS（Social Networking Services）社交网站，最早起源于哈佛大学教授斯坦利·米尔格拉姆（Stanley Milgram）创立的"六度分隔理论"。"六度分隔理论"是指你和任何一个陌生人之间所间隔的人不会超过六个，换句话说，最多通过六个人我们就可以认识世界上任何一个陌生人。最亲近的朋友可能生活圈子和你差不多，你们的生活几乎完全重合。而那些久不见面的人，他们可能掌握了很多你并不了解的情况。只有这些微弱关系的存在，信息才能在不同的圈子中流传。人们可以通过这种潜在的关系纽带牢牢地牵系在一起，SNS社交网站就是在这样的基础理论背景下产生的。简单地说，SNS即为基于"朋友的朋友"而建立的社交网站，并在此基础上延伸出更多的凝聚方式，如根据用户履历进行集聚（人人网、脸书）、根据空间主题进行聚集（QQ空间、百度空间）、根据社交游戏进行聚集（开心网）等，方式日渐多样。国内比较著名的SNS社交网站有人人网、豆瓣、开心网等；国外覆盖面较广的SNS社区有脸书、聚友等。

近年来，越来越多的购物型旅游景区会选择在口碑网、大众点评网、驴评网等权威的消费点评网站中发掘意见领袖来对旅游景区进行有针对性的信息传播，从而起到影响和引导消费的作用。所谓的意见领袖是指那些在网络上一定范围或领域内受到较高关注与信任的人,他们往往通过论坛或微博、博客等为他人答疑解惑,发表自己独特的个人观点,并经常为他人提供一些有益的旅游建议。这些人大多数不是所谓的名人,而是一些普通百姓,在论坛里,没有官方语言,有的只是影响力,他们中的很多人都是因为相同的兴趣走到一起的,往往戒备心较少,并且能够发出自己真正的声音。正因他们普通平凡的身份,往往提出的看法更能够被普通消费者所认同。

四、微营销

微营销为微博营销和微信营销的简称。毫无疑问,微信已成为移动端最大接入口。随着微博和微信的传播效益逐步显现,微博和微信已经成为旅游推广的利器。越来越多的旅游目的地开始重视微营销的作用,通过应用微博和微信平台来提升自身的影响力和竞争力。

(一)微博营销

微博营销是新兴起的一种网络营销方式,随着微博的火热而兴起。微博营销以微博作为营销平台,每个听众(粉丝)都是潜在营销对象,企业可以利用更新自己的微博向网友传播企业、产品的信息,树立良好的企业形象和产品形象。微博营销得到了旅游目的地的高度重视,并成为其网络营销的重要渠道之一。

首先,微博和旅游目的地营销在受众基础、体验共性和信息需求这三个方面具有契合性。微博用户一般为18~30岁的中青年。这一年龄段的人群旅游频率较高,如果他们在微博使用中对某地留有较深印象,日后出行时选择去该地旅游的概率将会增大。并且,如果这些人习惯了从微博获取旅游相关信息,即使他们现在的消费能力有限,随着时间的推移,他们同样会给旅游目的地带来丰厚的利润。其次,微博与旅游有体验共性。旅游需要体验传播,而体验传播离不开网络这个环境。随着网络技术门槛的降低,网民以文字、图片、视频、音频等各种形式传递信息,通过标签、分类等方式创造虚拟社群环境,使具有相同爱好的人建立起某种经常性的联系。旅游者在购买旅游产品和服务前习惯于上网查看相关评论，在微博互动中获取旅游行为和旅游体验、心理偏好、观光度假决策、分销渠道选择、目的地选择等更加"真实"的旅游信息。旅游就是一种体验的过程，微博与旅游体验的共性为它们的融合铺平了道路。最后，微博能够满足旅游者的信息需求。微博形式精简、操作便捷、功能强大，特别适合在移动客户端使用与旅游"在路上"的状态不谋而合。此外，微博信息生成群体庞大、传播速度快，可以在第一时间告诉大家最新动态，时效性强，抢鲜度高，能够满足旅游者对目的地信息的需求。

微博营销具有参与互动性强、营销精准度高、效果实时反馈、营销成本低的特点，因此受到了旅游目的地的高度重视。目前国内主要城市文化和旅游局基本均开通了新浪微博、腾讯微博等。江西省文化和旅游局举办的"新鲜旅计划"就是一个非常成功的微博营销案例。通过组织新鲜旅达人去免费旅游全程体验当地旅游文化，目的在于增强用户黏性，提高网友对账号的信任感、依赖度，并各站联动推广以使此活动覆盖全国。新浪全程参与活动的策划与推广，特别推出了"博动江西"新鲜旅特刊，将特刊推广到新浪城市频道和新浪微博，利用自身的微博资源推广此活动，营造出良好的活动氛围，并邀请知名微博达人，其中包括知名作家、企业家、撰稿人、媒体人、旅行家等身份人士。这些知名达人的粉丝数量总和超过 150 万，直接为江西活动带去超强的人气和传播氛围。

（二）微信营销

随着智能手机的不断普及，手机上网将会成为家常饭一样，而当下使用微信的用户越来越多。移动互联网时代的到来，把人跟人之间的链接变得越来越简单，以前通过大量人力、物力积累起来的渠道发展过来的客户，现在也许就在你等公交车的那一刹那出现在你微信的某个群又是朋友圈里。回到旅游业来看一个场景，我们中国游客无论走到哪里，首先问的问题就是 Wi-Fi，继而迅速接入。当旅行中的人们看到绚烂的景色会随手拿起手机拍上一些美图，并选取其中最漂亮的分享到微信朋友圈，用不了多久就会有类似于"这是哪儿？真漂亮！""你是怎么去的？""求推荐"等诸多留言，也正是游客这不经意间的一个举动，对于旅游业来说，就已经把目的地和去往目的地的途径散播出去了。

微信营销的两大优势。一是微信能让游客得到及时有效的旅游度假及景区活动信息，让信息供应商宣传更具针对性。从游客角度来讲，无论是去什么地方旅游，肯定是先了解旅游度假信息、景区景点信息，再找酒店安排食宿和确定出行方式。所以旅游度假信息供应商（如旅行社、各大旅游网站等）以及作为个体的景区本身如何第一时间及时有效地将信息传递出去最为重要。而随着微信的广泛运用，有很多旅游供应商或景区通过微信查找附近人，向附近人打招呼发布相关信息。或是在签名备注相关旅游信息，让游客在查找附近人时看到相关信息。这也是微信营销的一种方式，但是有很多弊端和局限性。二是"二维码"扫描，微信有目标明确的用户群。微信的定位功能具有其他新媒体营销模式不具有的区域性营销功能。现在很多购物型旅游景区商家都有自己的"二维码"，游客通过手机扫描二维码，添加微信好友，就可以实时接收到旅游产品的相关信息。现在许多旅游景区都通过微信公共平台发送推广景区旅游产品的语音、图片、视频、图文等消息。其中使用最多、最常见的就是图文消息，图文消息又分单图文消息和多图文消息两种，旅游图文消息被推送后关注者并不需要打开最终页，就能通过图片、标题与摘要了解到相关旅游产品信息。这一点相当重要，因为有很多微信用户反馈，对于微信信息已经产生了一定的强迫症。那就是看到那么多未读信息后会点击一下，目的并非阅读，而只是不想看到有那么多未读信息的提示。

五、网络影视营销

在我国，很多旅游者喜欢将自己旅游的过程用电子设备记录下来，通过整理和剪切把旅游体验分享到自己的网络社交平台上，将愉快的旅游体验分享给更多人。目前，很多旅游景区抓住旅游者这种爱好，通过邀请一些旅游爱好者前来旅游，借助他们拍摄的旅游视频来宣传自己的旅游产品，从而引起更多网友的关注。这种通过他人间接传播旅游信息的方式，不但不会引起网友的反感，反而会增加旅游产品的可信度，更容易获得潜在旅游的向往。

目前国内点击率较高的视频网站有搜狐、爱奇艺、腾讯视频，甚至还有一些社交网站都可以上传视频。网络视频用户大多是30岁以下，收入较高的时尚年轻人，这一定位对旅游营销来说，视频将是一个极好的营销传播平台。通过视频形式展示购物型旅游景区形象与产品，效果更加直接、丰富、形象、有效。旅游景区可以通过一些知名视频网站上的视频广告来向用户推广。在国内，旅游景区想要推广旅游产品信息，可以选择与一些网络视频媒体合作。例如，通过举办一些充满创新意识的优秀旅游景区介绍的视频比赛，吸引网民的关注，同时也便于更多的网民积极参与到竞赛中，鼓励他们将自己的旅游视频上传到网络平台上，这就是一种非常简洁、有效的推销形式。视频营销的厉害之处在于传播即精准，首先会让观看者产生兴趣，关注视频，再由关注者变为传播分享者，而被传播对象势必是有着与其同样特征兴趣的人，这一系列的过程就是在目标消费者中精准筛选传播。

六、云营销

云营销就是依靠云软件、搜索引擎以及社会化媒体作为主要媒介，通过网络，把多个成本较低的计算实体，整合成一个具有强大营销能力的完美系统平台。它是以云计算和云端服务器为依托，为搜索引擎构建友好的多层次网络平台，实现搜索引擎大面积首页覆盖，从而帮助企业更高效、快速、省心地开展网络营销一站式服务。旅游云营销就是通过构建旅游云平台，依赖云技术提供的有消费者个性化信息的大数据进行具体量化的营销工作，使整个旅游营销过程变得更加精确有效。

以前旅游行业的营销体系一般是通过打广告或者是搞活动来进行旅游营销，基本是"BZC"模式（BZC是企业对消费者直接开展商业活动的一种电子商务模式。这种形式的电子商务一般以直接面向客户开展零售业务为主，主要借助于互联网开展在线销售活动，故又称电子销售或网络销售），效率低下、难以考核有效性。大数据时代的旅游云营销可以做到"O2O"模式，O2O营销模式又称离线商务模式，是指线上营销线上购买带动线下经营和线下消费，O2O通过打折、提供信息、服务预订等方式，把线下商店的消息推送给互联网用户，从而将他们转换为自己的线下客户，这就特别适合必须到店消费的商品和服务。近年来，餐饮O2O的发展速度飞快，网上订座订餐，然后到线下餐饮商家消费，这种模式已经慢慢流行起来。排队网作为首个开创网上订餐和移动订餐的平台，立足餐饮行业，为消费者提供移动订餐、美食优惠信息等一站式餐饮服务。

旅游业是我国重点发展的现代服务业，国家对采用云计算促进旅游产业持续发展寄予很高期望。在国家文化和旅游部支持下，江苏镇江开始建设中国智慧旅游云计算平台开展旅游装备、软件及相关应用模式的研发、示范和推广工作，旨在为我国智慧旅游的发展和智慧旅游城市的建设提供产业支撑和技术服务。海南省人民政府也提出利用云计算加快海南旅游产业信息化的设想。目前山东省旅游信息中心就已经跟百度合作，通过百度的数据准确地反映山东旅游的客源市场在哪里、哪些产品是消费者关注的，通过网站数据监控系统和大规模数据仓库技术，挖掘客户需求，并依据客户需求创新产品，制定更精准的营销策略，充分发挥社交媒体的互动传播功能，这就为精准营销提供了重要的数据支撑。

综上所述，智慧旅游营销方式较多，除了常用的网络营销（如利用搜索引擎营销、即时通信营销、社区营销、博客营销、创意广告营销、知识型营销等）以外，还有虚拟旅游营销、物联网营销、精准营销等。无论是传统营销方式还是新媒体营销方式，都有各自的优、劣势，旅游企事业单位应根据各自的实际情况采取适宜的营销方式。

第三节　智慧旅游营销平台构建

智慧旅游营销是一种通过整合智慧旅游体系中的核心能力，区别于单纯的网络电子营销，集合不同营销理念以达到旅游目的地与游客关系营销为目标的营销模式。营销策略的实施需要通过物联网、云计算等成功地进入营销平台。而游客从被动的感知到主动的认知，以及在旅游过程中、旅游结束后的反馈都需要在智慧旅游环境的支持下才能更好、更有效地完成。因为旅游目的地的智慧营销将智慧旅游体系中核心技术能力整合到营销中，就是它优于传统营销方式的地方。

一、智慧旅游营销平台的概念与功能

（一）概念

智慧旅游营销平台是旅游目的地主管部门借助互联网、移动通信网络等自有媒体资源和外部可控网络媒体，智能整合旅游信息资源，并对国内外游客进行智能传播和在线交易的智慧旅游网络营销平台。该平台是旅游目的地各种自有媒体资源的有效整合，如旅游资讯网、App 应用、旅游触摸屏、移动传媒网、旅游呼叫系统等，也是自有媒体与外部网络媒体的有效整合，如与国内外大型旅行社门户网络、携程网等旅游网络中间商、GPS 等预订系统、新浪等门户网站旅游频道及脸书等网络社交媒体。

（二）功能

智慧旅游营销平台的构建对于旅游者、旅游企业和旅游目的地主管部门都具有重要作用。对于旅游者而言，其功能主要表现在：旅游信息智能收集与推送功能、旅游计划智能设计功能、虚拟旅游体验功能、旅游电子商务功能、在线旅游综合服务功能等。对于旅游企业而言，其功能主要表现在：旅游产品在线促销功能、旅游促销活动在线传播功能、旅游产品在线交易功能、旅游体验在线反馈功能等。对于旅游目的地主管部门而言，其功能主要表现在：旅游目的地形象塑造功能、旅游行业监督功能、旅游节事在线传播功能等。

二、智慧旅游营销平台架构

一个完整的智慧旅游体系,不仅是对目的地旅游信息的传播,它更需要借助以互联网和信息通信技术手段为基础而建立的信息化营销平台,提高旅游目的地知名度,推介旅游目的地产品,满足游客的需求,实现对目的地的主动营销。智慧旅游营销平台构建主要由各级政府部门牵头搭建并负责日常运营,因此可以将目前各地的旅游官网进行改造升级,打造成为智慧旅游营销平台。该平台可以在电脑、智能手机、iPad、旅游触摸屏等各类终端设备登录。

(一)智慧旅游营销平台的设计原则

所谓"三分技术、七分管理、十二分数据",在景区智慧营销平台建设项目中,如何有效地组织数据、展示景区的特色、提升服务管理能力,是做好景区智慧营销平台项目的核心。智慧旅游营销平台必须强化旅游营销功能,为达此目的,智慧营销平台系统应提供旅游信息(包括产品信息)的收集、处理、(远程)发布、(远程)更新等功能。它广泛支持传统营销方式和业务,存储在数据库中的旅游营销信息,可通过CMS(内容管理系统)处理、生成并发送到传统媒体和复印到印刷品上,如报纸、杂志、各种印刷品(宣传册、宣传单张、营销指南等),大幅提高传统营销的反应速度;同时,系统可作为语音化的旅游咨询服务中心的后台支持,为旅游者提供咨询服务,为景区相关其他旅游企业提供销售服务。

(二)智慧旅游营销平台的目标

智慧旅游营销平台系统的建设目标是,充分运用网络手段和实时通信功能,为分布式营销提供广泛的客户服务,充分利用其他相关网站及搜索引擎提供的功能,为网络营销提供充足的动态信息支撑。基于智慧营销平台,进一步完善现行的分销管理体系,建立更有竞争力的新型营销管理体系,扩大旅游经营的范围、增加直销、分级代理等多种营销模式,完善营销的绩效管理体系和奖励体系。

(三)智慧旅游营销平台的构建

智慧旅游营销平台一般包括数据库平台、信息发布平台、智能服务平台三大平台,其中三大平台又包括各自的子平台。通过智慧旅游营销平台,商家可以以游客的需求组成联盟，共同开拓和分享市场，有效地进行信息整合，更好地为游客服务。

三、智慧旅游营销平台功能模块简介

（一）数据库平台

数据库主要包括旅游综合数据库、旅游企业数据中心、文化和旅游部数据中心、外部合作方数据中心。旅游综合数据库通过各类终端设备获取即时信息并分享给相关平台，如智慧旅游营销平台、旅游科研院所等。智慧旅游营销平台通过接入旅游云平台能获取许多即时动态信息，如景区游客出入量、游客消费结构等。旅游企业数据中心主要提供有关企业的各类信息与数据，如景区特色、主要产品、促销信息等。文化和旅游部数据中心发布有关目的地形象宣传、节事会展等信息，并提供各类统计资料与调研信息等，如游客满意度、导游基本信息等。外部合作方即外部可控网络媒体，智慧旅游营销平台能够与这些外部合作方数据中心实现无缝对接。

（二）信息发布平台

智慧旅游信息发布平台主要包括酒店推介、旅游线路推介、餐饮推介、特色商品推介、游客流量分析、旅游地天气／环境等，其功能是有效融合自有媒体资源和外部可控网络媒体，向国内外旅游者发布有关旅游目的地的各类旅游信息。

（三）智能服务平台

智能服务平台主要包括旅游综合资讯、旅游呼叫中心、旅游电子商务、虚拟旅游、旅游促销、旅游社区等。游客、旅游企业、旅游目的地主管部门等相关服务对象都有专门登录口，登录之后可以获取相应服务，即游客可以随时随地采用自己喜欢的接入方式浏览旅游信息、接受旅游许可促销信息、在线设计旅游计划、在线预订或购买、进行虚拟旅游体验、下载旅游优惠券、购买旅游一卡通、在旅游社区进行交流和分享旅游体验等。

第七章　智慧旅游电子商务创新变革

第一节　智慧旅游电子商务理论

旅游电子商务作为旅游企业的一种经营手段，伴随国内旅游业的飞速发展日渐成为旅游业最热门的词汇。在物联网、云计算的大背景下，我国将加快推动旅游在线服务、网络营销、网上预订、网上支付等智慧旅游服务。一些具有前瞻目光的旅游商家已洞察到，一场颠覆传统旅游业的技术革命就要到来了。它就是智慧旅游电子商务。许多业内人士也意识到，这种全新的旅游消费方式正在取代传统的旅游消费模式，并将逐步引领未来的旅游产业。可见，发展智慧旅游电子商务可谓天时、地利、人和。

一、电子商务的概念

20 世纪 90 年代以来，随着计算机网络、通信技术的迅速发展，特别是互联网的普及应用，电子商务以前所未有的速度向各个社会领域渗透，并迅速演变为一场全球性的发展浪潮，在世界经济生活中出现了广泛的技术应用革命。对于电子商务，国际上至今没有统一的定义。在率先发展电子商务的美国、西欧等发达国家和地区，许多组织、企业根据自己的理解，提出电子商务的概念。

（一）世界电子商务大会的定义

20 世纪 90 年代，国际商会在巴黎举行世界电子商务会议。其中一项重要内容是共同探讨电子商务的概念。会议从商业角度提出电子商务的概念：电子商务是实现整个贸易活动的自动化和电子化。它涵盖的业务包括信息交换、售前售后服务、销售、电子支付、运输、组建网上企业等。

(二)世界贸易组织的定义

世界贸易组织(WTO)在其《电子商务》专题报告中,对电子商务的定义是:电子商务是通过电信网络进行的生产、营销、销售和流通活动,它不仅指基于因特网(Internet)上的交易活动,还指所有利用电子信息技术来解决问题、降低成本、增加价值、创造商业和贸易机会的商业活动,包括通过网络实现从原材料查询、采购、产品展示、订购到出品、储运、电子支付等一系列的贸易活动。

(三)IBM公司定义的电子商务

IBM公司(国际商业机器公司)对电子商务的描述是:电子商务是指采用数字化电子方式进行商务数据交换和开展商务业务的活动,是在互联网广阔联系与传统信息技术系统的丰富资源相结合的背景下,产生的一种相互关联的动态商务活动。它强调的是在计算机网络环境下的商业化应用,不仅仅是硬件和软件的结合,还是在因特网(Internet)、企业内部网(Intranet)、企业外部网(Extranet)下进行的业务活动,其定义公式为:

电子商务(EB)=IT+Web+Bussiness

(四)惠普公司对电子商务的定义

惠普公司认为电子商务是通过电子化手段来完成商业贸易活动的一种方式。电子商务使我们能够以电子交易为手段完成物品和服务的交换,是商家和客户之间的联系纽带。它包括两种基本形式:商家之间的电子商务及商家与最终消费者之间的电子商务。

(五)EB与EC

电子商务划分为广义和狭义的电子商务。

广义的电子商务(Electronic Bussiness),简称EB,是指各行各业,包括政府机构和企事业单位各种业务的电子化与网络化。EB也可以称为电子业务,其业务主要包括电子商务、电子政务、电子军务、电子医务、电子教务、电子公务、电子事务、电子家务等。

狭义的电子商务（Electronic Commerce），简称EC，是指人们利用电子化手段进行以商品交换为中心的各种商务活动，如公司、厂家、商业企业、工业企业或消费者个人利用计算机网络进行的商务活动。EC也可称为电子交易，包括电子商情、电子广告、电子合同签约、电子购物、电子交易、电子支付、电子转账、电子结算、电子商场、电子银行等不同层次和不同程度的电子商务活动。

二、智慧旅游电子商务的概念

旅游电子商务的概念始于20世纪90年代，最初是由瑞佛·卡兰克塔（Ravi Kalakota）提出的，并由约翰·海格尔（John Hagel）进一步发展。

国际上沿用较广的是世界旅游组织对旅游电子商务的定义："旅游电子商务就是通过先进的信息技术手段改进旅游机构内部和对外的连通性，即改进旅游企业之间、旅游企业与上游供应商之间、旅游企业与旅游者之间的交流和交易，改进旅游企业内部流程，增进知识共享。"

国内比较有代表性的是巫宁、杨路明对旅游电子商务的定义："旅游电子商务是通过先进的网络信息技术手段实现旅游商务活动各环节的电子化，包括通过网络发布、交通旅游基本信息和旅游商务信息，以电子手段进行旅游宣传促销、开展旅游售前售后服务；通过网络查询、预订旅游产品并进行支付，以及旅游企业内部流程的电子化及管理信息系统的应用等。"

近年来，在物联网、云计算的大背景下，智慧旅游这种面向未来的全新的旅游形态不断升温，越来越受到人们的关注。随着智慧旅游的成果不断直接应用于旅游产业要素，一批智慧旅游景区、智慧旅游企业快速成长，旅游电子商务"智慧化"成为新时代发展旅游的必然选择，旅游电子商务业务也成为众多旅游企业新的赢利方式。在分析已有研究成果的基础上，本书把智慧旅游电子商务定义为：在智慧旅游背景下，利用互联网、现代通信技术及其他信息技术进行的任何形式的旅游商务运作、管理和信息交换，它拥有旅游电子商务的一切功能，旅游企业可通过旅游电子商务平台整合旅游资源，为旅游者量身定做，提供适销对路的旅游产品，旅游者也可以通过旅游电子商务平台寻找"个性化"的旅游产品及活动。智慧旅游电子商务打破空间和地点的阻隔，用户可以随时、随地、随意地去查询、消费、游乐，而且一切行为都可以在云端统一协调。

三、智慧旅游电子商务的体系结构

一个完整的旅游电子商务系统是以网络信息系统为基础，由旅游者、旅游企业、电子商务服务商、电子支付结算体系共同组成的综合体。

智慧旅游电子商务系统不是独立的，它是电子商务的一个重要组成部分，需要旅游业发展环境、社会环境、网络技术环境及相关的电子商务法律法规和旅游管理法律法规的支持与保障。

无论是互联网上的旅游电子商务还是企业内部的管理信息系统，都是以计算机网络化的形式存在、管理和运营的。智慧旅游电子商务中涉及的信息流、资金流均和网络信息系统密切联系。以网络信息系统为平台，旅游企业、旅游者、专业旅游网站运营商、支付结算服务商、物流服务商等组成了一个完整的旅游电子商务运作系统。

（一）智慧旅游电子商务体系的构架基础

互联网信息系统是智慧旅游电子商务的基础，是提供信息、实现交易的平台。旅游企业、机构及旅游者之间利用这个平台进行跨越时空的信息交换。旅游机构可以在网站上发布信息，旅游者可以搜寻和查看信息。交易双方可以通过网络支付系统进行电子支付。旅游预订和交易信息可以指示旅游企业组织旅游接待服务，最后保证旅游业务的顺利实现。

网络信息系统可以分为互联网、增值网和内联网三种。

互联网可以为电子商务的开展提供许多便利，实现很多诸如电子邮件、信息浏览、远程登录、网上聊天等功能，而且能够提供24小时的信息服务，并且支持图片、声音等多种多媒体形式。互联网与旅游业结合可以为旅游机构提供巨大的商业机会。

增值网是最早的旅游电子商务方式,主要模式是电子数据交换,主要应用于旅游企业之间的商务活动。电子数据交换需要专门的操作人员自行开发所需应用程序,并且需要业务伙伴也使用电子数据交换,因此受到一定的制约。但是相对于互联网,电子数据交换在安全保障方面更具优势。目前电子数据交换在智慧旅游中的应用主要集中在计算机预订系统和全球分销系统中。

内联网是在互联网基础上发展起来的企业内部网。它把一些特定软件附加在原有的局域网上面,将局域网与互联网连接起来,而且它受到企业防火墙安全网点的保护,外部人员很难进入。内联网连接分布在各地的分支机构及企业内部部门,企业管理人员以此获得自己所需的信息,从而形成企业内部的虚拟网络,降低企业的通信成本,推进企业的内部无纸化办公。如今,在大型饭店集团及大型旅行社中广泛使用内联网。

(二)智慧旅游电子商务的应用主体

旅游目的地营销机构、旅游企业和旅游者构成智慧旅游电子商务的应用主体。

1. 旅游目的地营销机构

旅游目的地营销机构是一种专门负责目的地旅游促销事务的组织,一般是依法成立的法定机构或非营利组织,公私合营较为普遍。旅游目的地营销机构是信息网络和电子商务技术的重要应用者。

2. 旅游企业

旅游企业是旅游市场的主体,包括旅游服务提供商和旅游中间商负责生产、组织和销售旅游产品,开展跨国度、跨地区的旅游经营活动。旅游企业开展电子商务必须进行系统规划,建设好自己的电子商务系统。一个完整的旅游企业电子商务系统,由企业内部网络系统、企业管理信息系统和电子商务网站等部分有机组成。其中,企业内部网络系统是沟通企业内部信息传输的媒介,企业管理信息系统是信息加工、处理的工具,电子商务网站是企业拓展网上市场的窗口。

旅游企业的互联网应用可以是多方面，最普遍的是建立自己的旅游网站，作为企业宣传和促销产品的平台。此外，旅游企业还可将自己的旅游产品提交给专业的旅游电子商务服务商进行代销售，最典型的体现于航空机票代理和酒店客房预订两个旅游产品。

3. 旅游者

旅游者是智慧旅游电子商务的最终服务对象。旅游者购买旅游产品并到目的地进行旅游活动，是旅游产品的消费者。旅游者通过旅游电子商务享受到查询、预订、咨询及服务等多方面的便利，节省大量的时间和费用。

旅游出行前，旅游者通过电子商务网站查询旅游目的地信息、相关公交信息、旅游产品信息以及旅游企业信息等，并通过电子商务网站预订旅游产品，进行网上支付；旅行中，旅游者通过电子商务平台了解目的地的各种情况，查询相关的旅游设施；旅行归来，旅游者通过平台填写调查问卷、提出建议、进行投诉等。

在互联网上，旅游者不仅是旅游信息的获取者，还是旅游信息的发布者和传播者。旅游者将自己的亲身体验、自己的活动照片和视频发布到互联网上，与广大网民分享，进行经验交流。旅游企业可根据旅游者提供的反馈信息进行数据分析，纳入客户关系数据库中，定期向其传递符合旅游者偏好的旅游促销信息。

（三）智慧旅游电子商务的技术支持者

电子商务服务商为旅游企业、旅游机构和旅游者在网络信息系统上进行商务活动提供技术支持。根据其服务内容和层次的不同可分为两类：一类是旅游电子商务系统提供物质基础和技术支持服务的系统支持服务商；另一类是专业的电子商务平台运营商，负责开发运营电子商务平台，为旅游企业和旅游者之间提供沟通渠道、交易平台及相关服务。

（四）智慧旅游电子商务网上交易实现的保障

电子支付结算是旅游网上交易完整实现的很重要的一环，关系到购买方的信用、能否按时支付、旅游产品的销售方面能否按时回收资金并促进企业经营良性循环等问题。电子支付结算系统的稳步发展，是智慧旅游电子商务得以顺利实现的重要因素。

旅游产品具有异地购买、当地消费的特点，与其他行业不同，旅游电子商务对物流配送的需求相对较少。不管是预订酒店还是预订旅游线路，都需要旅游者亲临当地进行消费。旅游产品的这种消费特点很好地规避了传统电子商务过程中商品远距离运送的问题，而只需要解决一些交通票据的距离递送，如机票的上门配送服务等。

四、发展智慧旅游电子商务的意义

伴随互联网技术兴起和普及而产生的旅游电子商务，已成为发达国家开拓旅游市场的重要手段，给旅游业的传统经营模式带来极大挑战。在这种背景下，发展旅游电子商务，使传统旅游业快速融入旅游电子商务发展浪潮，有利于改变旅游企业传统经营模式、为旅游者提供个性化服务、实现旅游服务形式多样化、降低旅游企业的经营成本，进一步完善旅游企业的服务形式。

（一）改变旅游企业传统经营模式

旅游业是为旅游者提供吃、住、行、游、购、娱等多种服务的综合性行业，旅游者对旅游企业服务的满意度在一定程度上决定着旅游企业的生存和发展。因此，旅游企业要及时了解旅游市场客源信息和旅游者需求，及时、准确、详尽地向旅游者提供丰富的旅游景点信息，并根据旅游者的需求提供相关服务。在旅游企业传统经营模式下，旅行社承担着组织客源和协调酒店、交通运输、旅游景点关系的重任，一方面要收集潜在旅游者的需求信息，将它传递给酒店、交通运输、旅游景点等，使它们能够迅速做出反应，为旅游者提供满意的服务（或产品）；另一方面要将旅游服务（或产品）的有关信息直接或间接地传递给潜在旅游者，激发他们的旅游欲望，使其产生旅游行为。这种经营模式往往因为时空限制，不能适应旅游企业与旅游者之间相互交流的要求，难以满足旅游者个性化、多样化需求，甚至会增加旅游者的旅游成本，导致其满意度下降，成为阻碍旅游业发展的瓶颈。

旅游电子商务突破时空限制，使各旅游企业之间沟通更便捷，任何一个企业都可以通过旅游电子商务平台了解其他企业的情况，实现资源、信息和利益共享，使旅游企业与旅游者之间的相互交流和信息反馈更加畅通，以便推出满足旅游者个性化需求的旅游服务（或产品），获取旅游商机，提高经营效率。例如，广州岭南旅行社通过旅游电子商务平台实现旅游线路信息实时报送、更新以及订单查询、订单跟踪、支付结算、监控等业务流程操作，将各种旅游资源有机地结合在一起，突破经营的地域限制，给企业注入新的活力，提高自身的市场竞争力。

（二）为旅游者提供个性化服务

随着社会经济的发展和城乡居民生活水平的提高，旅游者追求个性化旅游成为一种时尚。所谓个性化旅游是指为满足旅游者某方面的特殊兴趣与需要，定向开发、组织的一种特色旅游活动，它是对传统常规旅游形式的一种发展和深化，对旅游服务提出更高要求。旅游者在出游前需要全面了解与旅游相关的各种信息，并希望在旅游过程中充分享受到方便快捷的服务。要满足旅游者这种个性化的旅游需求，旅游企业必须拥有强大的资源整合能力，传统的旅游业务管理模式显然不能满足这种需求，旅游电子商务平台具有高速度、高精度和低成本的信息处理能力，可以在较短的时间内迅速整合各种旅游资源，因而旅游电子商务发展可为旅游企业向旅游者提供个性化服务创造广阔的空间。一方面，旅游者通过旅游电子商务平台不仅可以查询旅游企业及其提供的各条线路和景点，了解行程、报价、住宿等信息，而且可以自由进行交流、自主选择自己所需要的产品和服务，自愿组团和选择参加者，"自助"地预订旅游路线、选择交通方式、预订酒店和导游，并根据自身需要对旅游企业提出新的要求；另一方面，旅游企业可以通过旅游电子商务平台与旅游者进行交互式沟通，为缺乏旅游经验的旅游者提供咨询意见，并及时根据自身的实际情况，针对旅游者的需求，为旅游者提供无处不在的个性化、实时贴心服务，使个性化旅游带给旅游者全新的旅游体验，从中享受旅游的乐趣，从而创造出更多的市场机会。

(三)实现旅游服务形式多样化

旅游产业涉及范围广,关联到交通、商业、邮电、文化、文物等相关部门,旅游企业以往千篇一律的"旅游套餐"服务已经不能满足旅游者多样化需求。旅游电子商务把众多的旅游供应商、旅游中介、旅游者联系在一起,将相关的旅游景点、交通、休闲、娱乐、餐饮、文化、购物系统化地整合到一起,组成一个全方位的服务网络,具有覆盖面广、效率高、成本低等特征,能弥补传统旅游企业无法满足旅游者多样化需求的不足,为旅游者提供多样化服务。在我国,随着旅游行业竞争日益激烈,各旅游企业纷纷利用旅游电子商务,生动、立体地展示自身旅游产品特色,进行网上售前推介,宣传旅游产品的经营绩效,打造旅游品牌和信誉;外延旅游周边产业,除向旅游者提供旅游核心产品外,还开展餐饮、住宿、订票、租车、网上支付、网上咨询、网上洽谈等多样化服务。如中国旅游商务热线与广州市饮食服务集团合作,曾开展网上销售配送服务。不仅如此,旅游者也可以在旅游电子商务平台购买旅游产品、景区纪念品、导游服务等。可见,旅游电子商务化大大丰富旅游服务形式,旅游企业以其多样化的旅游服务满足旅游者多样化需求,是其在旅游市场制胜的关键。

(四)降低旅游企业的经营成本

旅游电子商务的发展可以提高经营效率和竞争能力,在一定程度上降低旅游企业的经营成本。这主要是因为传统旅游企业主要通过报纸、杂志、电视、广播等媒体传递信息,旅游者由此所获取的旅游信息仅局限于旅游线路、往返交通工具、居住旅馆、旅游产品价格等;以电话、邮件、传真作为主要的联系方式,其运营成本往往较高。旅游电子商务将旅游产品及相关信息的发布、订购、支付、售后服务等功能集于一体,以电子流代替实物流,使旅游企业、旅游代理商、旅游者相互之间通过网络进行信息沟通、传递,突破时空限制,可以大大节省经营的人、财、物费用支出,并使旅游者节省信息搜寻成本,减少信息搜寻时间。同时,旅游电子商务以"网络空间"取代"物质空间",以"虚拟市场"取代"传统市场",旅游企业可以和旅游者进行直接交易，提供预订服务，不用面临复杂、费力的物流配送问题，甚至可以省去物流环节，从而减少旅游市场的中介费用，节约成本支出。旅游企业还可以应用旅游电子商务创新经营模式，形成以"旅游者为中心"的消费市场，并借助旅游电子商务方便地与其他企业建立网络型商务联系，促进旅游交易与旅游行为的发生，给旅游业带来新的发展动力，从而大大降低交易成本。

第二节　智慧旅游电子业务模式

随着电子商务的发展，已经有越来越多的传统电子商务网站开辟了旅游这一功能，如淘宝就有旅游同业者特约商家，而旅游类电子商务网站也逐步向多元化发展，已经不再是单一地订购门票和旅游线路了，旅游类网站开始逐渐走向"出行一站式"服务的路线。智慧旅游电子商务是因特网、物联网、云计算等发展的产物，是网络技术在旅游业中的全新应用。因其具有费用低、效率高、超时空、社会化及虚拟化的特点，对传统的商务模式提出巨大的挑战。它不仅会改变整个旅游企业本身的生产、经营和管理活动，还会影响整个旅游经济的运行与结构。本节主要对智慧旅游电子商务的相关概念进行基本性的厘清和阐述。

智慧旅游电子商务模式是旅游企业和机构利用互联网营销旅游产品，并借此持续获取利润的方式，即构成旅游电子商务模式的诸要素不同的组合形式及旅游电子商务运营管理的方式和方法。旅游电子商务的构成要素主要包括网络（含 Internet、Intranet 和 Extranet）、旅游企业、旅游者、网上银行、认证中心和政府相关职能部门等，涉及信息流、资金流和服务流。相信不久的将来，旅游类电子商务网站将为人们的出行、住宿、旅游等提供一系列完善且实惠的服务。本节将智慧旅游电子商务模式分为 B2C、B2B、O2O、C2B、C2C 五类，并对其进行一一介绍。

一、B2C 智慧旅游电子商务模式

B2C（Business-to-Customer）旅游电子商务模式，即电子旅游零售，俗称旅游零售，是旅游企业向消费者提供电子商务服务的形态、交易时，旅游散客先通过网络获取旅游目的地信息，然后在网上自主设计旅游活动日程表，预订旅游饭店客房、车船机票等，或报名参加旅行团。对旅游业这样一个旅客高度地域分散的行业来说，旅游 B2C 电子商务方便旅游者远程搜索、预订旅游产品，克服距离带来的信息不对称。通过旅游电子商务网站订房、订票，是当今世界应用最为广泛的电子商务形式之一。另外，旅游 B2C 电子商务还包括旅游企业向旅游者提供拍卖旅游产品的服务，由旅游电子商务网站提供中介服务等。就网站而言，B2C 的商业模式对规模经济的需求决定了网站需要向尽量多的网民提供酒店、机票和线路预订服务，并提供充分的信息和及时的沟通。目前 B2C 旅游网站提供给用户的主要服务项目可以归纳为三类。

（一）信息查询服务

信息查询服务，包括旅游服务机构的相关信息（如饭店、旅行社及民航航班等信息）、旅游景点信息、旅游路线信息、旅游常识、货币兑换、天气、环境、人文等信息以及旅游观感等。

（二）在线预订服务

在线预订服务，主要提供酒店客房、民航班机机票、旅行社旅游路线、自助游度假产品、租赁服务等方面的实时和动态的在线预订业务。

（三）客户服务

客户服务，提供可实施 Internet 在线产品预订的客户端应用程序，利用这种预订，客户（只通过系统预订的个人以及机关团体）可以与代理人（指酒店、民航、旅行社等相关旅游服务机构）进行实时的网上业务洽谈，管理自己的预订记录。

携程旅行网——典型性旅游综合网站，并购现代运通公司，成为一个大型的商旅服务企业和宾馆分销商,可以看作"旅游互联网企业传统化"的代表。作为中国领先的在线旅游服务公司,携程网成功地整合高科技行业与传统旅游行业,向超过 1 500 万会员提供酒店预订、机票预订、度假预订、商旅管理、特惠商户及旅游咨询在内的全方位旅行服务,实现了旅游产品的网上一站式服务,被誉为互联网与传统旅游无缝结合的典范。

二、B2B 智慧旅游电子商务模式

B2B(Business-to-Business)电子商务模式是指企业之间通过网络信息手段实现互相之间的一对一或一对多的交易,如采购、分销等。在智慧旅游电子商务中,B2B 交易的主要内容包括:

第一,旅游企业之间的产品代理,如旅行社代订机票、宾馆客房、饭店等,旅游代理商代售批发商组织的旅游线路产品;

第二,两家或多家旅行社组团经营同一条旅游线路,由于出团时间相近,在每个旅行社的客人较少的情况下,旅行社征得游客同意后将客源合并,由一家旅行社单独操作,降低运作成本,实现规模运作;

第三,旅游地接社批量订购当地宾馆客房、饭店、景区门票;

第四,客源地组团社与目的地接社之间的委托、支付关系。

以上四种都属于 B2B 的运营模式。B2B 电子商务的需要提高了旅游企业间的信息共享和对接运作效率。按照 B2B 交易平台的经营者不同,可将其分为旅游网上交易市场和旅游网上商务。旅游网上交易市场是提供给企业间进行旅游产品交易,并由第三方经营的旅游电子商务平台,它的收益主要来源是交易提成、广告收入和其他服务收费。旅游网上商务指的是旅游企业在互联网上注册网站,向其他企业提供旅游服务或旅游商品的旅游电子商务平台。

三、O2O 智慧旅游电子商务模式

电子商务已经改变了大众的生活方式。不可否认,把商品塞到箱子里送到消

费者面前，这个市场已经成熟，但日常生活中的大多数消费还是离不开到实体店来实现。即使在电子商务最发达的美国，线下消费的比例依然高达92%。将线上客源与实体店消费进行对接，其中蕴含着巨大的商机，就是在这种环境下产生了O2O（Online-to-Offline）模式。

线上，互联网是交易的前台，消费者可以在线上筛选服务，成交后也可以在线结算；线下，消费者可以自主去享受服务，就是将线下商务的机会与互联网结合在一起，让互联网成为线下交易的前台。这样线下服务就可以用线上来揽客，消费者可以用线上来筛选服务，还能在线结算，很快就能达到规模。而团购极大地促进了O2O模式的发展。

O2O模式最重要的特点是推广效果可查，每笔交易可跟踪。以在线旅游作为代表，携程、艺龙、青芒果都是O2O模式的实践者。无论是飞机票预订、酒店预订、旅游线路预订，还是各种票券的预订，都是互联网最好的诠释。携程、艺龙、青芒果本身并不能提供真正意义的服务，只能通过互联网手段把顾客从线上引到线下，并由线下完成真正意义的服务。

旅游百事通在线旅游商城正式上线。百事通电商平台不是单纯的电子平台，而是融合了全国2 000家营业部实现的线上预订、线下成交的模式，从而以线下强大的渠道资源优势解决在线旅游企业一直无法很好解决的难题，真正实现网络营销的落地。作为互联网的新生力量，旅游百事通在线旅游商城的上线，让网络市场和传统市场融为一体。

对O2O模式而言，与实物电子商务最大的不同是本身没有物流配送，以及不存在商品质量问题，最大挑战来自消费者对线下服务试题的认可程度。服务类型行业存在很多不确定因素，怎么样保障服务质量将是O2O快速发展最主要的影响因素。

总的来说，O2O就是一种线上虚拟经济与线下实体店面经营相融合的新型商业模式。而我们也越来越多地体验到它给我们带来的便利，团购便是它的一个成功的例子。O2O 具有在服务业的优势，且价格便宜可吸引买家，并且折扣信息等可以及时获得。当然，作为一种新型的商业模式，O2O 也存在一些不足，如商家审核不到位导致服务质量达不到保证和网站不完善。但是 O2O 的发展前景也是不可忽视的，除了冰山一角的团购还有广阔的发展潜力，还有就是把商家（有实体店的）按地域进行划分，向着成为生活服务类折扣商城的形式发展。

四、C2B 智慧旅游电子商务模式

C2B（Customer-to-Business）交易模式是由旅游者提出需求，然后由旅游企业通过竞争满足旅游者的需求，或者由旅游者通过网络结成群体与旅游企业讨价还价，旅游者在此过程中处于相对强势地位。旅游 C2B 电子商务主要通过电子中间商，如专业旅游网站、门户网站旅游频道等进行。这类电子中间商提供一个虚拟开放的网上中介市场的信息交互平台。上网的旅游者可以直接发布需求信息，旅游企业查询后双方通过交流自愿达成交易。

旅游 C2B 模式的核心是通过聚合为庞大的用户形成一个强大的采购集团，以此来改变旅游电子商务 C2B 模式中用户一对一出价的弱势地位，使之享受到以大批发商的价格买单件旅游产品的利益。目前，国内携程网、去哪儿网、海比网都在不同程度对 C2B 进行尝试。

C2B 模式主要有两种途径实现：第一种途径是客户结成团队，主动和商家进行磋商，完成交易；第二种途径是客户在某个网站平台上形成人气，使得商家不得不前往这个平台寻求消费者，以期达成协议，完成交易。

旅游 C2B 电子商务主要有两种形式。第一种形式是反向拍卖，也就是竞价拍卖的反向过程。先由旅游者提供一个价格范围，求购某一旅游服务产品，再由旅游企业出价，出价可以是公开的或是隐蔽的，旅游者将选择认为质价合适的旅游产品成交。这种形式对于旅游企业来说吸引力不是很大，因为单个旅游者预订量较小。第二种形式是网上成团，即旅游者提出他设计的旅游路线并在网上发布，吸引其他相同兴趣的旅游者。通过网络信息平台，当愿意按同一条线路出行的旅游者汇聚到一定数量时,他们再请旅行社安排行程,或直接预订饭店、客房等旅游产品,可增加与旅游企业议价并得到优惠的砝码。

旅游C2B电子商务利用信息技术带来的信息沟通面广和成本低廉的特点,特别是网上成团的运作模式,使得传统条件下难以兼得的个性旅游需求满足于规模化组团,降低成本有了很好的结合点。旅游C2B电子商务是一种需求方主导型的交易模式,它体现了旅游者在市场交易中的主体地位,对帮助旅游企业更加准确和及时地了解客户的需求,对实现旅游业向产品丰富和个性满足的方向发展起到促进作用。

响应网是中国最大的C2B电子商务网站。该网站致力于积极响应消费者的各类生活消费需求,为消费者省时省力省钱,推动消费市场的迅速发展,同时为商家减少中间环节,让商家不开店不打广告也能在响应网上做生意。响应网是以C2B模式、具有互动功能、全新理念的电子商务平台,响应消费者的购买需求,为中小企业服务,以消费者为核心,使双方互利共赢。消费者只需在此平台上免费发布自己的服务需求,不必逛网店,由响应网客服找商家进行报价竞标,消费者只要从众多的竞标商家中选择自己满意的中标即可交易。如果消费者拥有响应网小秘书,无须上网,只要一条短信,就可以掌握相关的动态。

五、C2C智慧旅游电子商务模式

相对于较为成熟的B2C与B2B旅游电子商务模式,C2C旅游电子商务尚处于不成熟阶段。但是随着电子商务活动的普及,以及C2C模式相对低廉的营销与运作成本,C2C旅游电子商务已日渐成为中小型旅游企业进行网络营销以及个人创业的利器,蕴含着极大的发展潜能。就目前而言,国内的C2C旅游电子商务主要以两种模式存在。

(一)淘宝网店模式

淘宝网店模式是指中小型旅游企业或个人在淘宝网上开设网店,营销旅游相关产品,目前的交易主要集中于旅游商品销售、家庭旅馆预订以及小型旅行社或个体导游网上招客、组团等。

（二）互助游模式

互助游，又名交换游，被称为继随团游、自助游后最具革命性的旅行方式。通俗来说，互助游就是互相帮助、交换进行旅游。目前在全国每天至少有1 000名网友在实施互助游。

C2C模式中业绩较好的个人经营者，随着业务量的不断增长也可以注册使用B2C模式。事实上，许多中小型旅游企业现已横跨这两大平台。

第三节　智慧旅游电子商务的支付手段

在传统旅游业中，支付功能往往是通过前台支付来完成的。随着智慧旅游的兴起以及旅游电子商务的发展，支付手段的更新被提到日益重要的地位，支付功能必须适应信息化的要求而有新的变化，这就促使旅游企业必须考虑新的应对方案。在这种背景下，越来越多的旅游电子商务企业开始使用电子支付功能来满足需求，进而提高企业的服务质量和赢利能力。

一、网上支付

（一）网上支付的概念

电子支付是指从事电子商务交易的当事人，包括消费者、厂商和金融机构，通过信息网络，使用安全的信息传输手段，采用数字化方式进行的货币支付或资金流转。网上支付是电子支付的一种形式，它是通过第三方提供的与银行之间的支付接口进行的及时支付方式，这种方式的好处在于可以直接把资金从用户的银行卡转账到网站账户中，汇款马上到账，不需要人工确认。

（二）网上支付系统的组成

网上支付需要多个要素的共同协作才能完成，其具体组成要素有6个。

1. 网络交易平台

电子商务基于网络交易平台进行运作,网络交易平台需要支持网络支付工具,如电子支票、信用卡、电子现金等。

2. 电子商务交易主体

电子商务交易主体主要包括买卖双方,也称为商家和客户。

3. 支付网关

这是完成银行网络和因特网之间的通信和协议转换,进行数据的加解密,保护银行内部网络安全的一组服务器,它是互联网公用网络平台和银行内部金融专用网络平台之间的安全接口。一般而言,网上支付的信息必须通过支付网关处理后,才能进入银行内部的支付结算系统。

4. 银行系统

银行系统主要包括金融服务机构、客户银行和商家银行。客户银行又被称为发卡行,是指为客户提供资金账户和网络支付工具的银行;商家银行又被称为收单行,是指为商家提供资金账户的银行。

5. 认证中心

认证中心是交易各方都信任的、公正的第三方机构,当商家与用户进行网上交易时为各方颁发电子证书。在交易行为发生时,对电子证书和数字签名进行验证。

6. 法律和诚信体系

法律体系由国家及国际相关法律法规予以支撑,而诚信体系则要依靠社会的共同促成和维护。

(三)网上支付的特点

与传统支付方式相比,网上支付具有如下特点。

第一,网上支付是采用先进的技术,通过数字流转来完成信息传输的,其各种支付方式都是采用数字化的方式进行款项支付;而传统支付方式则是通过现金流转、票据的转交及银行的汇兑等物理实体的流转来完成款项支付。

第二，网上支付的工作环境是基于一个开放的系统平台及互联网，而传统支付则是在较为封闭的系统中运作。

第三，网上支付使用的是最先进的通信手段，如互联网、Extranet，而传统支付使用的则是传统的通信媒介。网络支付对软、硬件设施的要求很高，一般要求有联网的计算机、相关的软件及其他一些配套设施，而传统支付则没有这么高的要求。

第四，网上支付具有方便、快捷、高效、经济的优势。用户只要拥有一台上网的 PC，便可足不出户，在很短的时间内完成整个支付过程。支付费用仅相当于传统支付的几十分之一，甚至几百分之一。网络支付可以完全突破时间和空间的限制，可以满足 24/7（每周 7 天，每天 24 小时）的工作模式，其效率之高是传统支付望尘莫及的。

（四）网上支付工具

从世界各国发展网上支付所采用的支付工具和手段来看，主要有电子现金、银行卡、电子支票、电子钱包 4 种。

1. 电子现金

电子现金又称为电子货币、数字现金或数字货币，是一种表示现金加密的加密序列数。它可以用来表示现实中各种金额的币值，电子现金以数字信息形式存在，通过互联网流通，但比现实货币更加方便、经济。

2. 银行卡

目前，基于银行卡的支付有 4 种类型。

（1）无安全措施的银行卡支付

买方通过网上从卖方订货，而银行卡信息通过电话、传真等非网上传送，或者银行卡信息在互联网上传送，但无任何安全措施，卖方与银行之间使用各自现有的银行商家专用网络授权来检查银行卡的真伪。

（2）通过第三方代理人的支付

改善银行卡事务处理安全性的一个途径就是在买方和卖方之间启用第三方代理，目的是使卖方看不到买方银行卡信息，避免银行卡信息在网上多次公开传输而导致的银行卡信息被窃取。

（3）简单银行卡加密

使用简单加密银行卡模式付费时，当银行卡信息被买方输入浏览器窗口或其他电子商务设备时，银行卡信息就被简单加密，安全地作为加密信息通过网络从买方向卖方传递。采用的加密协议有SHTTP（安全超文本传输协议）等。

（4）SET银行卡方式

SET协议保障了Internet上信用卡支付的安全性，利用SET协议制定的过程规范，可以实现电子商务交易过程的机密性、认证性、数据完整性等安全要求。SET提供商家和收单银行的认证，是目前用信用卡进行网上支付的国际标准。

3. 电子支票

电子支票是一种借鉴纸张支票转移支付的优点，利用数字传递将钱款从一个账户转移到另一个账户的电子付款形式。电子支票主要用于企业与企业之间的大额付款。电子支票的支付一般是通过专用的网络、设备、软件及一整套的用户识别、标准报文、数据验证等规范化协议完成数据传输，从而可以有效保证安全性。

4. 电子钱包

电子钱包，也称为数字钱包，是用来存储电子货币并被顾客用来作为电子商务购物活动中常用的，尤其在小额购物或购买小商品时常用的一种支付工具。电子钱包有两种概念：一是纯粹的软件，主要用于网上消费、账户管理，这类软件通常是与银行卡账户连接在一起的；二是小额支付的智能储值卡，持卡人预先在卡中存入一定的金额，交易时直接从储值账户中扣除交易金额。

二、网络银行

（一）网络银行的概念

网络银行又称因特网银行、在线银行、虚拟银行，诞生于 20 世纪 90 年代，是银行组织和现代信息技术相互碰撞的产物，是银行业自身组织形式不断演进呈现的一种高级形态。它是指银行利用通信和计算机网络技术，通过建立自己的 Internet 网站和 Web 页面，在 Internet 上为客户提供开户、销户、查询、对账、行内转账、跨行转账、信贷、网上证券、投资理财等银行金融服务项目，使客户足不出户就能够安全、便捷地管理活期和定期存款、支票、信用卡及个人投资等。

（二）网络银行的构成

下面主要从技术、组织和业务的角度来研究网络银行的构成。

1. 技术构成

网络银行系统主要由 Web 服务器、交易服务器、客户服务代表工作站、数据库服务器、过滤路由器等构成。

2. 组织构成

一般而言，传统商业银行往往由网络银行实际操作和管理，而新创立的网络银行往往整个银行就相当于一个网络银行部。网络银行部的形成通常有三种形式：一是从银行原有的信息技术部演变而来；二是创立新的网络银行部；三是对原有的信息技术部、银行卡部或信用卡部和服务咨询部等多个部门的相关业务水平进行整合而形成。

由于网络银行部的业务目标与信息技术有所不同，因此网络银行部的设置与纯粹的信息技术部有所差别。无论是以哪一种方式生成的网络银行部，都会在组织结构上体现这种不同。商业银行中较为完整的网络银行部一般由 5 个基本部门组成，它们分别是市场推广部（又称市场部）、客户服务部（又称客户部、信用卡部、银行卡部）、信息技术部（又称科技部、技术部）、财务部和后勤部。

3. 业务构成

网络银行的业务构成随着网络银行的发展和完善将有所发展，一般认为，网络银行的基本业务构成如下。

（1）基本技术支持业务

如网络技术、数据库技术、系统软件和应用软件技术的支持，特别是网络交易安全技术的支持，使网络银行业务得以不断拓展。

（2）网络客户服务业务

如客户身份认证、客户交易安全管理、客户信用卡或银行卡等电子货币管理以及客户咨询等。

（3）网络金融品种及服务

如网络财经信息查询、网络股票交易、申请信用卡以及综合网络金融服务等。

（三）网络银行的特点

网络银行随着 Internet 的普及和电子商务的发展而崛起，它依托于传统的银行业务，却又带来了不可忽视的变革，极大地拓展了传统的电子银行业务功能。无论是在运行机制，还是在服务功能上，网络银行相对于传统银行都有着极大改变和扩充，具有独特的特点。

1. 时空的无限化

网络银行不存在分支机构，其运作和地理位置无关。网络银行可以在任何时间（Anytime）、任何地点（Anywhere），以任何方式（Anyway）为客户提供不受时空限制的服务，因此也被称为"3A"银行了。诚如中国农业银行网银的广告语："只要开机，我们就开门。"

2. 服务的智能化

传统银行的运作主要借助于硬件设施和员工的工作为客户提供金融服务。而网上银行的运作主要依靠软件系统开展业务，它能提供更全面、高效、迅速的服务。消费者只需要访问金融机构的网站，就可以在获得授权的情况下办理各种业务。

3. 运作方式的全新化

网络银行采用电子支付手段支持自身的运作，带来全新的运作方式——业务和办公流程的无纸化经营。该运作方式的变化为银行带来明显的经济效应，最直接的体现就是运营成本的降低。

（四）网络银行的发展模式

网络银行有两种发展模式：一种是完全依赖于 Internet 发展起来的全新电子银行，这类银行的所有业务、交易和服务完全依赖于网络展开；另一种则是利用计算机网络、无线网络和 Internet 开展传统银行的金融业务与服务。我国目前所有的网络银行都是采用类似于后者的运作方式。

三、移动支付

（一）移动支付的概念

移动支付是一种在移动设备上进行商务活动的方式，是指参与交易的双方为了得到所需的产品和服务，通过移动终端（手机、掌上电脑等）和移动通信网络实现交易的一种现代化手段。移动支付系统为每位手机用户创建一个与其手机号码关联的支付账号，用户通过手机即可进行现金的划转和支付。

（二）移动支付体系的构架

移动用户可通过短信（SMS）、无线（WAP）、语音（IVR）、移动零售（POS）、Web 方式接入移动支付系统（MPS）。

（三）移动支付的业务类型

移动支付的业务类型包括以下3种。

1. 手机小额服务

手机小额服务主要是用手机账户或特制的小额账户完成支付功能。一般采用 SMS、WAP、USSD 和 K-java 等实现，通过将手机绑定银行卡、网络银行为小额账户充值,通过运营商提供业务、管理用户账户,第三方交易服务提供商提供支付平台,付费采用预付费实时扣除、后付费记账等方式完成。

2. 金融移动服务

移动运营商与金融机构合作,将手机与银行卡绑定,从银行卡支付交易金额。金融移动服务一般由运营商提供信道,目前主要是采用短信模式,银行负责资金管理、结算等。这种服务的付费采用实时扣除模式,并支持信用卡支付。

3. 公共事业缴费

在银行营业网点开办通过移动支付业务进行公共事业缴费,并在第三方平台通过移动网络通知用户确认交易。

(四)移动支付的运作模式

关于移动支付的运作模式目前主要分为3种。

1. 银行运作模式

通过专线将银行网络与移动通信网络进行互连,将银行账户与手机账户绑定,电信运营商为银行提供渠道。

2. 运营商运作模式

以用户的手机话费账户等小额账户作为移动支付账户进行消费,如手机钱包业务。

3. 第三方运作模式

通过搭建独立于银行和移动运营商的第三方移动支付平台,连接客户、银行及SP(移动互联网服务内容应用服务的直接提供者),并负责客户银行账户与服务提供商银行账户之间的资金划拨和结算。

除以上3种旅游电子商务的支付手段之外,第三方支付日渐兴盛。它因拥有款项收付的便利性、功能的可拓展性、信用中介的信誉保证等使得其成为目前最主流的网络支付模式。典型的第三方支付平台有支付宝、财付通、易宝、微信支付等。

第四节　智慧旅游电子商务的安全风险

我国在线旅游预订需求潜力进一步释放,旅游电子商务的高速发展给人们的工作、生活和思维方式带来新的尝试和便利。旅游电子商务的安全成为阻碍旅游电子商务普及和深入发展的巨大障碍,因为任何个人、企业或商业机构以及银行都不会使用一个不安全的系统进行商务交易。

一、智慧旅游电子商务安全概述

（一）旅游电子商务安全威胁

随着电子商务在全球范围内的快速发展,电子商务中的网络安全问题日渐突出。旅游电子商务中的网络安全和交易安全问题是实现电子商务的关键所在。旅游电子商务中的安全隐患可分为以下 4 类。

1. 信息的截获和窃取

如果没有采用加密措施或加密强度不够,攻击者可能通过互联网、公共电话网、搭线、电磁波辐射范围内安装截收装置或在数据包通过的网关和路由器上截获数据等方式,获取机密信息,如旅游消费者的银行账号、密码以及旅游企业的商业机密等。

2. 信息的篡改

当攻击者熟悉网络信息格式之后,通过各种技术方法和手段对网络传输的信息进行中途修改,并发往目的地,从而破坏信息的完整性。这种破坏手段主要有三种方式。

第一,篡改:改变信息流的次序,更改信息的内容,如购买商品的出货地址。

第二,删除:删除某个消息或消息的某些部分。

第三,插入:在消息中插入一些信息,让收方读不懂或接收错误的信息。

3. 信息假冒

当攻击者掌握网络信息数据规律或揭秘商务信息以后，可以假冒合法用户或发送假冒信息来欺骗其他用户，主要有两种方式。

第一，伪造电子邮件，虚开网站和商店，给用户发电子邮件，收订货单；伪造大量用户，发电子邮件，穷尽商家资源，使合法用户不能正常访问网络资源，使有严格时间要求的服务不能及时得到响应；伪造用户，发大量的电子邮件，窃取商家的商品信息和用户信用等信息。

第二，假冒他人身份，如冒充领导发布命令、调阅密件；冒充他人消费、栽赃；冒充主机欺骗合法主机及合法用户；冒充网络控制程序，套取或修改使用权限、通行字、密钥等信息；接管合法用户，欺骗系统，占用合法用户的资源。

4. 交易抵赖

交易抵赖包括多个方面，如发信者事后否认曾经发送过某条信息或内容，收信者事后否认曾经收到过某条消息或内容；购买者做了订货单不承认；商家卖出的商品因价格差而不承认原有的交易。

（二）旅游电子商务安全需求

旅游电子商务面临威胁的时候，体现出对旅游电子商务安全的需求。一个真正安全的旅游电子商务系统要求做到以下 5 个方面。

1. 机密性

电子商务作为贸易的一种手段，其信息直接代表着个人、企业或国家的商业机密。传统的商业贸易都是通过邮寄封装的信件或通过可靠的通信渠道发送商业报文来达到保守商业机密的目的。旅游电子商务是建立在一个较为开放的网络（尤其 Internet 是安全开放的网络）环境上的，维护商业信息机密是旅游电子商务全面推广应用的一个重要保障。因此，要预防信息的非法存取和信息在传输过程中被非法窃取。机密性一般通过加密技术对传输的信息进行加密处理来实现。

第七章 智慧旅游电子商务创新变革

2. 完整性

旅游电子商务简化了贸易过程,减少了人为的干预,同时也带来了维护贸易各方商业信息的完整性、一致性的问题。由于数据输入时的意外差错或欺诈行为,可能导致贸易各方信息的差异。此外,数据传输过程中信息的丢失、信息重复或信息传送的次序变化也会导致贸易各方信息的不同。贸易各方信息的完整性将影响到贸易各方的交易和经营策略,保持贸易各方信息的完整性是旅游电子商务应用的基础。因此,要预防对信息的随意生成、修改和删除,同时要防止数据传送过程中信息的丢失和重复并保证信息传送次序的一致。完整性一般可通过提取信息消息摘要的方式来获得。

3. 认证性

由于旅游电子商务系统是建立在网络的基础上,旅游企业或个人通常都是在虚拟的网络环境中进行交易,所以对个人或旅游企业实体进行身份性确认成为旅游电子商务中非常重要的环节。对人或实体的身份进行鉴别,为身份的真实性提供保证,即交易双方能够在网络环境中(相互不见面的情况下)确认对方的身份。这意味着当某人或实体声称具有某个特定的身份时,鉴别身份服务将提供一种可靠的方法来验证其声明的正确性,一般均通过证书中心 CA 和证书来实现。

4. 不可抵赖性

旅游电子商务可能直接关系到贸易参与各方的商业交易,如何确定要进行交易的贸易各方正是进行交易所期望的贸易方,这一问题是保证旅游电子商务顺利进行的关键。在无纸化的电子商务方式下,通过手写签名和印章来进行贸易方的鉴别已是不可能的,这就要求在交易信息的传输过程中为参与交易的个人、旅游企业提供可靠的标识。不可抵赖性主要通过对发送的消息进行数字签名来获取。

5. 有效性

电子商务以电子形式取代纸张,使得如何保证这种电子形式的贸易信息的有效性成为开展电子商务的前提。电子商务信息的有效性关系到个人和旅游企业的经济利益与声誉。因此,要对网络故障、操作错误、应用程序错误、硬件故障、系统软件错误及计算机病毒所产生的潜在威胁加以控制和预防,以保证交易数据在确定的时刻、确定的地点是有效的。

二、智慧旅游电子商务安全技术

信息安全是旅游电子商务的核心研究领域。旅游电子商务系统是依赖于互联网的信息系统,其安全问题依赖于网络信息系统的安全,保证传输信息的安全成为旅游电子商务能顺利进行的重要因素。目前,常用的旅游电子商务信息安全技术有以下五种。

(一)数据加密技术

数据加密技术是网络中最基本的安全技术,主要是通过对网络中传输的信息进行数据加密来保障其安全性,这是一种主动安全防御策略,用很小的代价即可为信息提供相当大的安全保护。

"加密"是一种限制对网络上传输数据访问权的技术。原始数据(也称为明文)被加密设备(硬件或软件)和密钥加密而产生的经过编码的数据称为密文。将密文还原为原始明文的过程称为解密,它是加密的反向处理,但解密者必须利用相同类型的加密设备和密钥对密文进行解密。

数据加密是确保计算机网络安全的一种重要机制,是实现分布式系统和网络环境下数据安全的重要手段。一般加密的基本功能有:防止不速之客查看机密的数据文件;防止机密数据被泄露或篡改;防止拥有特权的用户查看私人数据文件;使入侵者不能轻易地查找一个系统文件。

(二)数字签名技术

数字签名的定义为:"附加在数据单元上的一些数据,或是对数据单元所做的密码交换,这种数据和交换允许数据单元的接收者用以确认数据单元来源和数据单元的完整性,并保护数据,防止被人(如接收者)进行伪造。"

数字签名是一种确保数据完整性和原始性的方法,它可以提供有力的证据,表明自从数据被签名以来数据尚未发生更改，并且它可以确认对数据签名的人或实体的身份。数字签名实现了"完整性"和"认可性"这两项重要的安全功能，而这是实施安全电子商务的基本要求。

数字签名主要是为了证明发件人身份，它通过以下步骤来实现。

第一，发信者在发信前使用哈希算法求出待发信息的数字摘要。

第二，发送者使用公开密钥技术，利用自己的私钥对这个数字摘要进行加密形成一段信息，这段信息称为数字签名。

第三，发信时将这个数字签名信息附在待发信息后面，通过互联网一起发送给接收者。

第四，收信者收到包含数字签名的信息后，一方面用发信者的密钥对数字签名部分进行解密，得到一个摘要 H；另一方面，收信者收到的信息本身会用哈希算法求出另一个摘要 H'，再把 H 和 H' 相比较，若相同，说明发送的信息和接收到的信息是一致且真实的，数字签名有效，否则收到的信息不是发送方所发送的真实信息，签名无效，在发送信息的过程中信息被人篡改了。

数字签名使收信者可以确定文件确实是由发送者发送的，并且签名所采用的私钥只由发送者自己保管，他人无法做出一样的签名，从而发送者不能否认信息是由他发送的，数字签名解决了发送信息的完整性和不可否认的问题。

（三）数字信封和数字时间戳

数字信封是用加密技术来保证只有特定的收信人才能阅读信的内容。在数字信封中，信息发送方采用对称密钥来加密信息，然后将此对称密钥用接收方的公开密钥来加密（这部分称为数字信封）之后，将它和信息一起发送给接收方，接收方先用相应的私有密钥打开数字信封，得到对称密钥，然后使用对称密钥解开信息。这种技术的安全性相当高。

数字信封采用密码技术保证只有特定的接收人才能阅读信息的内容。数字信封中采用了对称密码体制和公钥密码体制。信息发送者首先使用随机产生的对称密码加密信息，再利用接收方的公钥加密对称密码，被接收方的公钥加密后的对称密码称为数字信封。在传递信息时，信息接收方若要解密信息，必须通过自己的私钥对数字信封进行解密，才可得到对称密码，才能利用对称密码解密所得到的信息。这样就保证了数据传输的真实性和完整性。

数字时间戳技术就是数字签名技术的一种变种的应用。在旅游电子商务交易的文件中，时间是十分重要的信息。在成功的旅游电子商务应用中，交易各方不能否认其行为，这其中需要在经过数字签名的交易上打上一个可信赖的时间戳，从而解决一系列的实际和法律问题。一般数字时间戳的工作流程：首先用户对文件数据进行哈希摘要处理；其次用户提出时间戳的请求，哈希值被传递给时间戳服务器，时间戳服务器对哈希值和一个日期/时间记录进行签名，生成时间戳；最后时间戳数据和文件信息绑定后返还，用户进行下一步网上交易操作。

（四）数字证书

数字证书是一种权威性的电子文档，有权威公正的第三方机构，即 CA 中心签发的证书。它以数字证书为核心的加密技术可以对网络上传输的信息进行加密和解密、数字签名和签名认证，确保网上传递信息的机密性、完整性。

在网上进行旅游电子商务时，参与各方都需使用数字证书来表明自己的身份，并使用数字证书来进行有关的交易操作。通俗来讲，数字证书就是个人或单位在 Internet 上的身份证。数字证书主要包括三方面的内容：证书所有者信息、证书所有者信息的公开密钥和数字证书颁发机构（数字证书认证中心）的签名等。一个标准的 X.509 数字证书包括：证书的版本信息、证书的序列号、证书所使用的签名算法、证书的发行机构名称及其用私钥的签名、证书的有效期和证书使用者的名称及其公钥的信息。

（五）CA 认证中心

CA 机构，又称证书授证中心，作为旅游电子商务交易中受信任的第三方，承担公钥体系中公钥合法性检验的责任。CA 中心为每个使用公开密钥的用户发放一个数字证书,该证书的作用是证明证书中列出的用户合法拥有证书中列出的公开密钥。CA 机构的数字签名使得攻击者不能伪造和篡改证书。它负责产生、分配并管理所有参与网上交易的个体所需的数字证书,因此是电子安全交易的核心环节。

一般情况下,数字认证中心负责发行数字证书时,必须证实个人或组织身份和密钥所有权,因为证书是由社会上公认的公正的第三方发行。若它发行的证书造成不恰当的信任关系,则第三方认证中心就要承担责任。CA 认证中心的职能有:

证书的申请,申请方式有离线申请方式和在线申请方式;

证书的审核,可离线审核,也可采用在线审核;

证书的发放,有离线发放和在线发放两种方式;

证书以及持有者身份认证查询,利用 CA 服务器,用户在线查询证书的生成情况,也可在线认证证书持有者,因此,CA 必须保证 24 小时 ×365 天在线提供服务,并要有足够的宽带,以保证查询的速度;

证书的归档;

证书的撤销,CA 认证中心根据持有者的应用情况,可在数字证书的有效期内将其吊销,并公示于众;

证书的更新,主要有人工密钥更新、自动密钥更新;

证书废止列表的管理功能;

CA 的管理功能;

CA 自身密钥的管理功能。

第五节　智慧旅游电子商务模式新探索

我国旅游电子商务起步于20世纪90年代中期,众多旅游企业关注并加入旅游电子商务行列,使旅游电子商务网站发展迅速。旅游电子商务服务功能增加、规模扩大,影响越来越大,形成了利用先进计算机网络及通信技术,增进旅游企业与旅游者相互交流的旅游经营模式。从近几年的发展来看,尤其是智慧旅游兴起后,我国旅游电子商务市场发展潜力巨大,不管是旅游网站的发展还是应用软件的发展,都已经形成了一定的规模,发展前景广阔。

一、我国智慧旅游电子商务的发展现状

分析我国旅游电子商务的发展,其发展特点可归纳为以下六点。

(一)以旅游资源和旅游服务为特征的旅游电子商务网站发展迅速

我国旅游电子商务网站的建设始于国旅总社参与投资创办的华夏旅游网,经过十多年的探索和积累,旅游网站逐步进入成熟稳健发展阶段。

旅游电子商务网站主要包括地方性网站、专业网站和门户网站的旅游频道等三类。地方性旅游电子商务网站主要是由各地旅行社、旅游景点、宾馆、酒店等建立的企业网络,主要服务职能包括开展旅游产品宣传、信息发布以及提供旅游线路预订等中介服务,如广东省口岸旅行社的休闲中华网、丽江南方旅行社有限责任公司的云南丽江南方之旅网站、山东旅游有限公司的山东旅游信息网等;专业旅游电子商务网站是由专业旅行社或旅游企业建立的旅游产品(服务)直接供应或进行旅游中介业务的专业性网站,如携程旅行网、遨游网、乐途旅游网、游讯网、青旅网、国旅网等,它们以其良好的个性服务和强大的交互功能为消费者提供大量丰富的、专业性旅游信息资源,抢占网上旅游市场份额;门户网站旅游频道是门户网站设立的旅游电子商务平台,如新浪网生活空间的旅游频道、搜狐和网易的旅游栏目、中华网的旅游网站等,都提供旅游资讯与信息服务。各类旅游电子商务网站功能互补、相互竞争，形成多元化发展格局，成为旅游企业开展电子商务的重要形式，使旅游企业不断成长，开展旅游电子商务的模式呈现多样化。不管是资源型网站还是服务型网站，网站的服务模式创新势在必行。以介绍自然景点和民族文化特色为主要内容的电子商务网站，有可能受到市场的青睐和大量国内外游客的欢迎。现今"网上选景，网上订线，网上组团"的网络自助游（或自由行）将继续获得快速发展。但是大量的单语种网站已经不能适应和满足跨国游客的需求，催生双语和多语种的旅游电子商务网站的崛起，这将成为境外游客了解中国旅游的主要方式。因此，旅游网站成为寻找旅游去处、休闲、娱乐最便捷和最受欢迎的网络空间。

（二）旅游企业的信息系统正逐步完善

旅游企业如饭店、旅行社、旅游景区等，其内部信息系统正在逐步完善。饭店企业的信息系统已经完成了升级换代，旅行社企业的信息系统已初具规模，旅游景区的信息系统已经开始流行。一些旅游企业的信息系统从无到有，从有到功能的完善以及支持电子商务，反映了企业信息系统的发展及完善过程。在旅游企业的信息系统应用中，旅游集团企业成为信息系统发展的主要力量，引导信息系统的发展和完善。目前，旅游电子商务的应用，以及差异化服务等理念也已经在旅游集团企业内全面开展。

（三）移动商务和电子商务整合的旅游创新服务成为增长点

手机是旅游者必带的移动设备，令手机的信息传输和互动能力得到提升，手机成为移动商务的主要终端设备。如金手指信息科技（杭州）有限公司就应用自主的手机短信搜索专利技术，开发、推出了杭州市旅游和城市公共信息的智能手机短信搜索平台与相关服务，向来杭的游客提供包括杭州市景区景点、饭店和公交乘车等旅游信息在内的二十几类的全天候短信查询服务，来杭游客可以使用手机随时随地、方便快捷地查询在杭州的游玩和住宿等信息。此项服务在杭州运行近两年，受到来杭游客的热烈欢迎和好评。因此，在未来几年里，移动商务和电子商务的整合，将成为旅游创新服务的新增长点，既方便旅游消费者获取信息，又方便旅游消费者的商务操作。

（四）旅游电子商务规模不断扩大，影响越来越大

随着信息技术和知识经济的不断发展，用现代新技术、新装备改造和提升旅游业已成为新时期旅游业发展的新趋势。北京、江苏、浙江、福建、湖北等省市均已启动智慧旅游，一批智慧旅游景区、智慧旅游企业快速成长，旅游新业态不断涌现，旅游电子商务规模不断扩大，市场交易额增加。旅游电子商务市场占整个旅游产业的比重稳步上升，使其成为促进旅游业发展的关键，在旅游市场持续扩容和信息技术广泛应用的双重推动下，不同类型、不同模式的旅游电子商务主体得以快速发展。携程、去哪儿、艺龙、青芒果、驴妈妈等一大批旅游电子商务公司已经在旅游市场占据一席之地。

旅游企业和旅游者是旅游市场两个最重要的主体，旅游电子商务发展对他们产生着深刻的影响。从旅游企业角度来看，以旅游者为中心的旅游电子商务可以随时随地把旅游者、旅游中间商和旅游服务企业联系在一起，将有关信息随时告知旅游者；实现旅游企业之间的产品代理，如旅行社代订机票与饭店客房，旅游代理商代售旅游线路产品等；进行组团社之间相互拼团，当两家或多家组团旅行社经营同一条旅游线路且出团时间相近、每家旅行社只拉到为数较少的客人时，旅行社征得旅游者同意后可将客源合并，交给其中一家旅行社操作，以实现规模运作、降低成本；完成客源地组团社与目的地接社之间的委托、支付关系以及旅游者对企业或个人的资金支付；开拓旅游团购、自助旅游、专题旅游等业务。从旅游者角度来看，旅游电子商务发展使其成为绝大部分旅游者出游前了解相关信息的主渠道。旅游者通过旅游电子商务平台获取旅游信息等需求增加，促使更多的旅游企业愈加重视旅游电子商务的发展。

（五）旅游电子商务发展中的基础理论研究不足

当前，我国学者多热衷于探讨旅游电子商务的应用意义，但不够重视基础理论的研究，对旅游电子商务基本概念的梳理或试图构建学科框架的文章少见。在高等院校的旅游管理专业，对智慧旅游电子商务的学科建设不够重视，在一定程度上影响了智慧旅游电子商务基础理论的研究。在许多旅游电子商务教材中，各种基本概念的混淆现象比较常见，如电子商务等同于电子交易、信息技术等同于互联网等。智慧旅游电子商务的有序发展，离不开基础理论的支持。对智慧旅游电子商务参与主体的研究有待拓宽，如今的研究多关注旅游企业，而对旅游目的地营销机构和旅游者的研究相对缺乏。另外，对智慧旅游电子商务的支撑环境，如法律环境、经济环境、社会环境等的研究也需要加强。

（六）我国旅游电子商务服务功能增加，但提供方式不完善

随着人民生活水平的日益提高，旅游者对旅游服务的要求越来越高，旅游产品组合的随意性明显加大，这既是对旅游企业的挑战，也给旅游企业的发展带来机遇。旅游企业利用旅游电子商务平台的关联性、实时性、丰富性和便捷性，使旅游电子商务服务功能不断增加与完善。

旅游电子商务功能之所以日益增加，主要是因为旅游电子商务平台具有旅游信息汇集、传播、检索和导航功能，旅游企业通过它既可为旅游者提供包括旅游产品或服务及其价格，出境、国内、周边与地接旅游线路以及吃、住、行、游、购、娱等的在线预订、有效性检验、服务热线等服务，又可提供包括旅游常识、旅游新闻以及旅游目的地天气、环境、人文等信息服务，指导旅游者在陌生的环境中观光、购物，还可提供旅游服务（产品）在线销售、货币兑换与结算等服务，也可提供旅游攻略、旅行计划、旅程见闻等服务，为旅游者提供旅游决策帮助。有的旅游企业甚至利用旅游电子商务平台推出一站式服务，如酒店订房、租车服务、地方特产购买、预订电影和KTV娱乐场所等，为人们的出行、住宿、旅游等提供一系列完善且实惠的服务。此外，还有旅游企业通过旅游电子商务平台开展微博、营销，已成为树立品牌形象、推介旅游产品、提升自身影响力的重要手段。

但是，我国社会化信息程度不高，GDS（全球分销系统）应用的不普及，影响了智慧旅游电子商务服务的多样性。一些小规模企业利用电子商务来提供旅游方式几乎为空白。一些旅游企业信息化建设局限在孤立的业务应用、单机数据处理或文字处理等。旅行社的情况与饭店大致相同，少数大型企业建立了信息管理系统和网络，且应用规模和深度发展较快；中小型企业仍处在信息化起步阶段，发展较为迟缓。旅游景区电子商务服务提供方式多为人工服务，根本没有实现电子商务服务。

二、我国智慧旅游电子商务的展望

旅游电子商务的兴起是全球经济信息一体化的必然趋势，为旅游业带来一场真正的变革。科技引领旅游电子商务发展浪潮：时代和社会的需要是智慧旅游电子商务发展的根本动力，旅游产品自身特性是智慧旅游电子商务发展的重要基石，新技术是智慧旅游电子商务不断进步的推进器，创新与联合是智慧旅游电子商务发展的重要手段，安全与信用是智慧旅游电子商务发展的保障。新技术从根本上改变了旅游业原有的运作模式，蕴含了无限的机遇和挑战，提高了旅游服务产品的交易效率，降低了交易过程中的成本和传递了旅游信息资源，旅游电子商务的高可进入性导致新的竞争者随时可能加入，使这一领域的竞争更加激烈。

（一）新技术的引入带来整个市场格局的变数

1. 直接服务于游客的技术

例如自助语音导游服务、无线网的应用，都给旅游业带来新契机。

2. 服务于旅游企业和旅游目的地的技术

例如基于 SOA（面向服务的体系结构）构架的旅游网站和旅游信息管理系统、基于 SAAS（软件即服务）的旅游企业信息系统，这些技术的应用为企业、目的地优化业务流程，提高业务效率，进而更好地为游客服务，为旅游企业规模不断扩大奠定基础。

（二）新应用将引领旅游电子商务的深度发展

1. 移动商务引领旅游电子商务发展新趋向

随着各种移动终端的普及、移动通信网络的完善、移动服务提供商的增多，移动商务成为一个新的切入点，它结合智能网络技术，实现真正的以人为本的智慧旅游电子商务应用。移动电子商务技术的应用使旅游电子商务服务功能更加完善，应用更加普及。

2. Web 2.0 的应用

Web 2.0 网站以其独特的优势迅速崛起，成为旅游网站发展的方向，网站信息提供方式不再采用由网站编辑提供，而是让用户变成网站信息的提供者和使用者；直接获取用户的需求和习惯，征求用户的意见，加强用户的互动，用户在网站上的时间越久，参与的程度越高，就会有越多的朋友。这样网站的用户就不易流失。

（三）新整合推进旅游电子商务体系演进

信息技术的支撑为旅游企业更好地整合奠定了良好基础。旅游电子商务行业内将形成覆盖范围广、成本低廉的旅游业通信交流平台，使旅游企业之间增进交流与合作，为游客创造一体化的旅游服务感受；来自众多旅游企业的动态旅游产品信息将更多地通过大型旅游电子商务平台 GDS 等系统汇聚、共享、传播，企业建网形成"信息孤岛"的不成熟模式将得以改善；旅游分销渠道将更加多样化，会有众多的旅游机构成为旅游产品的分销渠道。

（四）新形式推广旅游电子商务的规范化和标准化

智慧旅游电子商务是一个新兴领域，我国在旅游电子商务规范与标准的制定和推进方面都非常薄弱，这也应该是下一阶段发展的重点。

1. 规范化

建立健全的智慧旅游电子商务规范体系，为旅游电子商务的实施和监管、企业和消费者的市场行为、信息内容和流程、技术产品和服务等提供指导与约束，预先防范那些对旅游电子商务活动可能产生不利影响的潜在因素，是推动智慧旅游电子商务持续、稳定、健康、高效发展的关键。

2. 标准化

智慧旅游电子商务的本质在于互联。食、住、行、游、购、娱等各类旅游企业之间，旅游企业内部信息系统与旅游电子商务平台之间，旅游业与银行、海关、公安的信息系统之间应能实现互联互通，以自动处理频繁的信息数据交换。我国旅游电子商务的数据交换需尽快实现标准化，并与国际接轨。

（五）新发展需求旅游电子商务复合型人才

人才的短缺是我国智慧旅游电子商务发展的瓶颈。旅游电子商务是旅游和电子商务的整合，只有具有电子商务和旅游知识的复合型人才，才能将电子商务的技术手段、应用功能和模式密切联系旅游行业组织、管理、业务方式及其特点，优化其价值链。这就要求旅游部门及旅游院校要顺应时代要求，着力培养三个层次的旅游电子商务人才。

善于提出满足商务需求的电子商务应用方式的商务型人才。

精通电子商务技术，又具备足够的旅游业知识，能以最有效的电子商务技术手段予以实施和满足的技术型人才。

通晓全局，具有前瞻性思维，熟知旅游业电子商务理论与应用，能从战略上分析和把握其发展特点与趋势的战略型人才，使旅游电子商务从业人员完整的旅游电子商务观适应整个行业运作体系的变革。

参考文献

[1] 张河清.旅游景区管理[M].重庆：重庆大学出版社,2018.

[2] 刘军林,谭舒月.智慧旅游产业融合发展研究[M].武汉：华中科技大学出版社,2018.

[3] 黄崎,杜鑫可.旅游电子商务基础[M].北京：中国旅游出版社,2018.

[4] 那淼.旅游电商[M].北京：北京邮电大学出版社,2018.

[5] 舒伯阳,徐静,邵晓辉.服务运营管理[M].重庆：重庆大学出版社,2018.

[6] 陈红梅.互联网环境下的旅游城市服务供应链研究[M].哈尔滨：哈尔滨工程大学出版社,2018.

[7] 刘传喜.游客参与视角下的景区服务质量管理模块研究[M].南昌：江西高校出版社,2018.

[8] 张琼.旅游电子商务[M].北京：旅游教育出版社,2018.

[9] 卢剑峰.旅游企业社会责任、变革、创新与绩效关系研究[M].沈阳：东北大学出版社,2018.

[10] 陆川.智慧城市："电子信息+"视角下的总体规划与实践[M].成都：电子科技大学出版社,2018.

[11] 王昕,张海龙.旅游目的地管理[M].北京：中国旅游出版社,2019.

[12] 吴国清,申军波.旅游目的地开发与管理[M].北京：旅游教育出版社,2019.

[13] 汉思.旅游管理创新理论[M].长春：吉林文史出版社,2019.

[14] 汪涛,张金山.全域旅游的涉县模式[M].北京：中国旅游出版社,2019.

[15] 祖恩厚,蒋静.智慧旅游视角下河南省温泉旅游研究[M].北京：中国经济出版社,2019.

[16] 孙占伟."互联网+"时代沈阳智慧旅游公共平台建设与研究[M].沈阳:沈阳出版社,2019.

[17] 马海龙,杨建莉.智慧旅游导论[M].银川:宁夏人民教育出版社,2020.

[18] 董观志,梁增贤.旅游管理原理与方法[M].武汉:华中科技大学出版社,2020.

[19] 彭红霞,徐贤浩.智慧旅游采纳行为研究[M].武汉:长江出版社,2017.

[20] 崔剑生.全域旅游视角下沈阳市旅游业的改革与创新[M].北京:北京理工大学出版社有限责任公司,2020.

[21] 杨淇深.旅游创新设计实操案例[M].北京:中国旅游出版社,2020.

[22] 马海龙,杨建莉.智慧旅游[M].银川:宁夏人民教育出版社,2017.

[23] 张凌云,乔向杰,黄晓波.智慧旅游的理论与实践[M].天津:南开大学出版社,2017.

[24] 吴国清,申军波,冷少妃,等.智慧旅游发展与管理[M].上海:上海人民出版社,2017.

[25] 张华,李凌,周相兵.智慧旅游管理与实务[M].北京:北京理工大学出版社有限责任公司,2017.

[26] 鲍润华.智慧旅游理论与实践研究[M].成都:电子科技大学出版社,2017.

[27] 陆均良,宋夫华.智慧旅游新业态的探索与实践[M].杭州:浙江大学出版社,2017.

[28] 孙艳红,徐真真.城市智慧旅游建设体系及发展路径研究[M].北京:中国经济出版社,2017.